39.80

DIE KUSCHEL TIERE

DIE KUSCHEL TIERE

SUE QUINN

XENOS

Deutsche Ausgabe:
ISBN 3-8212-0847-3
Copyright © 1989 by XENOS Verlagsgesellschaft mbH
Am Hehsel 40, 2000 Hamburg 63
Übersetzt aus dem Englischen von Luzia Czernich, Haimhausen
Einbandgestaltung: Künne + Künne Werbeagentur, Hamburg
Satz: Atelier Schümann GmbH, Hamburg
Printed in Yugoslavia

Die englische Originalausgabe erschien 1987
unter dem Titel 'The Creative Book of Soft Toys'
im Verlag Salamander Books Limited, 52 Bedford Row, London WC1R 4 LR
Copyright © 1987 by Salamander Books Ltd.

INHALT

Einführung	**7**
Ausrüstung	**8**
Material	**10**
Schnittmuster-Vorbereitungen	**12**
Nähtechniken	**13**
Bastelanleitungen	**18**
Index	**128**

EINFÜHRUNG

Stofftiere basteln ist eine vergnügliche und lohnenswerte Beschäftigung. Sie macht Spaß und spart Geld. Die Attraktion eines Stofftieres liegt im Design und im Material. In diesem Buch stellt Sue Quinn eine ganze Menagerie entzückender Modelle vor, die eine Freude für diejenigen sind, die damit spielen - aber auch für diejenigen, die sie nähen.

Es gibt einfache, schnell gebastelte Figuren, aber auch aufwendigere, wie die hübschen Quietschmäuse und Pan-Pan, der Panda. Für jeden Geschmack und für alle Nähkünste ist etwas dabei.

Das Buch beginnt mit einer Einführung über Material, Geräte und Techniken, die für die Herstellung notwendig sind. Dies soll Ihnen helfen, die besten und professionellsten Ergebnisse zu erzielen. Sie finden Informationen über die erforderlichen Geräte und deren Gebrauch, über verschiedene Stoffarten, darüber, wie man Schnitte vorbereitet und Stoff zuschneidet. Zusätzlich werden die zahlreichen, immer wieder angesprochenen Techniken beschrieben, die beim Nähen, Wenden und Füllen der Figuren benötigt werden.

Anschließend finden Sie genaueste Anleitungen für 25 entzückende Figuren. Zu jeder gibt es ein Schnittmuster und eine Schritt-für-Schritt-Bastelanleitung mit Abbildungen.

AUSRÜSTUNG

Bevor Sie mit dem Nähen beginnen, legen Sie sich die benötigten Geräte zurecht. Gutes Handwerkszeug erleichtert die Arbeit.

SCHERE

Eines der wichtigsten Geräte ist eine gute, scharfe Schere. Besser sind zwei. Eine zum Schneiden von Karton und eine ausschließlich für Stoff. Eine kleine, spitze Schere ist ebenfalls unverzichtbar. Man braucht sie, um winzige Augenlöcher oder Ohrenschlitze zu schneiden und zum Herausziehen von Fäden.

NADELN

In einem Haufen Teddystoff geht eine Nadel sehr leicht verloren. Zählen Sie die Nadeln zu Beginn und am Ende des Nähens, damit keine Nadel aus Versehen in einem Kinderspielzeug steckenbleibt. Halten Sie auch ein paar lange Stick- oder Stopfnadeln bereit. Man braucht sie zum Annähen der Köpfe an die Körper oder zum Sticken von Mündern und Nasen (siehe Seite 17).

BÜRSTEN

Teddy- oder Plüschstoffe können durch das Drücken beim Nähen ihre Flauschigkeit verlieren. Man bürstet sie dann auf, damit das Fell wieder locker aussieht. Feine Drahtbürsten eignen sich besonders zum Herauskämmen des eingenähten Fells an den Nähten. Für größere Formen verwendet man am besten eine normale Hundebürste. Die Drahtstifte der Bürsten können sich allerdings nach einer Weile lösen und im Stoff steckenbleiben. Darauf sollte man achten. Um die Augen sehr vorsichtig bürsten, da deren Kunststoffoberfläche leicht verkratzt.

SCHRAUBENZIEHER

Schraubenzieher eignen sich gut zum Wenden der fertigen Figur. Der Schraubenzieher sollte aber eher stumpf sein, damit man den Stoff nicht durchsticht. Auch das stumpfe Ende einer Stricknadel ist zu diesem Zweck geeignet.

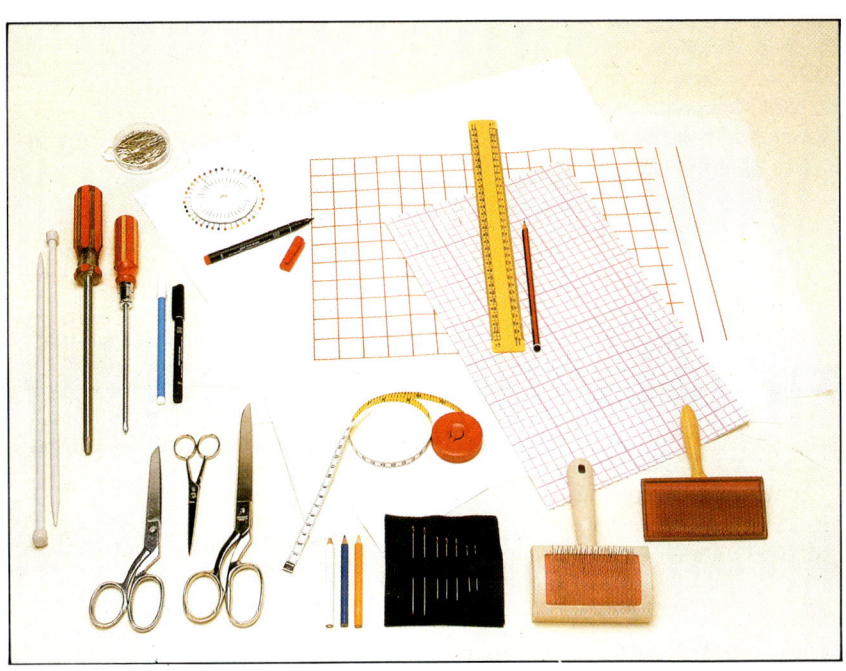

Verwenden Sie die richtigen Geräte und legen Sie sich vor Beginn der Arbeit alles Notwendige zurecht.

KARTON UND PAPIER

Aus mittelstarkem Karton schneidet man die Muster aus. Man kann den Karton entweder in Schreibwarenläden kaufen oder irgendwelche alten Pappkartons aufschneiden. Karierte Papierbögen gibt es ebenfalls in Schreibwarenläden. Man kann sie aber auch selbst anfertigen: mit einem großen Blatt Papier, einem Stift und einem langen Lineal.

STIFTE

Ein schnell trocknender Filzstift ist am besten geeignet, um Muster und Schablonen aufzuzeichnen. Mit einem weichen Bleistift markiert man die Positionen von Augen und Ohren und alle Linien, die vom Papier auf den Stoff übertragen werden müssen. Für dunkle Stoffe benötigt man weiße Schneiderkreide, damit die Linien deutlich zu erkennen sind.

MATERIAL

Es gibt viele Stoffe und Garne, die sich für Stoffiguren eignen. Entscheiden Sie sich stets für die beste Qualität. Dann sehen die Figuren besser aus und halten auch länger.

PLÜSCH

Der beste Plüsch hat eine gewebte Rückseite (Webpelz). Er fühlt sich fast wie Naturfell an. Diese Stoffe dehnen sich aber nicht und sind daher schwierig zu verarbeiten. Anfänger sollten deshalb lieber Plüsch mit gestrickter Rückseite nehmen. Diese franst nicht aus und ist ein wenig dehnbar, das erleichtert das Arbeiten.

Achten Sie darauf, daß durch das »Fell« nicht zuviel von dem Untergrund schimmert, sonst sehen die Figuren nicht echt aus, und man ist enttäuscht. Auch eine gestrickte Rückseite kann steif sein und läßt sich dann schlecht nähen. Entscheiden Sie sich für weichen und möglichst elastischen Plüsch.

FILZ

Mit Filz kann man sehr gut arbeiten. Er franst nicht, ist leicht dehnbar, und es gibt ihn in vielen schönen Farben. Echter Wollfilz ist sehr teuer, deshalb wird man sich in der Regel für Kunstfaserfilz entscheiden. Filz ist nicht waschbar und nicht so fest wie andere Stoffe. Es gibt auch selbstklebenden Filz, jedoch bekommt man ihn nicht in allen Farben. Schwarzer, selbstklebender Filz ist äußerst praktisch. Man schneidet daraus zum Beispiel Augen für Stofftiere.

FÜLLUNG

Es gibt unterschiedliches Füllmaterial. Nehmen Sie nur das beste. Verwenden Sie nie alte Strümpfe oder Stoffreste. Das Ergebnis wäre enttäuschend. Die Figuren sehen klobig aus und werden ziemlich schwer. Kunstfasern wie Dacron und Polyester sind am besten geeignet. Sie sind elastisch, waschbar und anti-allergen. Man bekommt sie in unterschiedlichen Qualitäten, aber Sie sollten auch hier die beste wählen. Sie sind in mehreren Farben erhältlich.

Nehmen Sie immer eine helle Füllung (außer für dunkle Figuren), da das Material dunkel durchschimmern könnte.

Plüsch, Filz und Garn gibt es in vielen Farben. Entscheiden Sie sich immer für die beste Qualität, damit das Endprodukt optimal wird.

Kapok ist eine flauschige Naturfaser. Sie ist aber nicht waschbar, aufwendig in der Verarbeitung und nicht sehr elastisch. Doch sie fühlt sich weich an und kann für verschiedene Tiere und Figuren verwendet werden.

Schaumchips (Styroporkugeln) sind zum Füllen von Spielzeug nicht zu empfehlen. Man erhält damit kaum eine glatte Oberfläche, und kleine Kinder könnten winzige Partikel der Masse einatmen.

GARN

Für die Nähte braucht man ein festes Garn. Nehmen Sie Nähseide mit Kunstfasern. Sie dehnt sich und gibt ein wenig nach, wenn die Stofffigur gewendet und gefüllt wird. Knopflochgarn oder ein anderer sehr dicker Faden ist notwendig, um Köpfe oder Arme und Beine anzunähen. Die Farbauswahl ist bei diesen Fäden nicht sehr groß. Da die Stiche meist verdeckt genäht werden, spielt dies aber kaum eine Rolle. Baumwollstickgarn eignet sich sehr gut, um Nasen und Münder aufzusticken.

SCHNITTMUSTER-VORBEREITUNG

Die Schnittmuster in diesem Buch wurden alle verkleinert, damit sie auf eine Seite passen. Sie werden feststellen, daß alle Schnitte auf einem Gittermuster vorgezeichnet sind. Jedes Quadrat dieses Gitters mißt im Original 2,5 cm. Um die Schnittmuster zu vergrößern, brauchen Sie eine Schere, Karton, kariertes Zuschneidepapier, einen Filzstift und einen weichen Bleistift.

Das Papier muß in 2,5 cm große Quadrate eingeteilt sein, damit man die Schnitte in Originalgröße wiedergeben kann. Wenn Sie kein solches Papier bekommen oder Geld sparen möchten, dann nehmen Sie einfach ein Blatt Papier und zeichnen das Gitter selbst auf. Mit einem langen Lineal und einem rechten Winkel geht das rasch.

Jetzt legt man ein großes Blatt des karierten Papiers glatt hin. Wählen Sie einen Ausgangspunkt des Schnittmusters und suchen Sie das entsprechende Quadrat. Merken Sie sich, wo die Schnittlinie in das Quadrat eintritt und wo sie es wieder verläßt. Diese beiden Punkte auf dem großen Format müssen Sie markieren und verbinden. Die Verbindungslinien genau nach der Schnittlinie verlaufen lassen.

Auf diese Weise kann man das ganze Muster genau übertragen. Immer wieder überprüfen, ob alle Linien stimmen. Mit etwas Geduld und Übung geht das alles ganz leicht.

Vergessen Sie nicht, die Position von Augen und Ohren zu markieren und alle Buchstaben und Pfeile zu übertragen. Zum Schluß das Muster vorsichtig ausschneiden und auf einen Karton legen. Die Umrisse nachfahren und alle wichtigen Punkte übertragen. Dann die Kartonschablone ausschneiden. Sie muß so steif sein, daß sie sich weder wellt noch reißt.

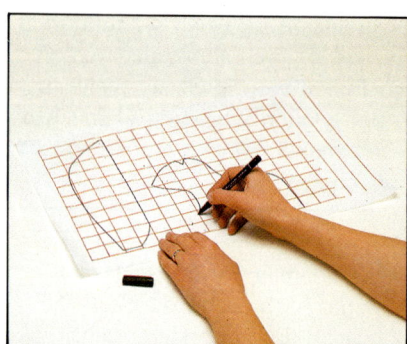

Das Muster in Originalgröße auf das Papier übertragen.

Das Muster auf Karton übertragen und die einzelnen Teile ausschneiden.

Die Schablone ist mehrmals zu benutzen. Verwahren Sie den Papierschnitt in einem Umschlag auf, für den Fall, daß Teile der Kartonschablone verlorengehen.

MARKIEREN UND AUSSCHNEIDEN

Breiten Sie den gewählten Stoff aus und überprüfen Sie den Fadenlauf. Markieren Sie diesen auf der Rückseite des Stoffes. Das ist sehr wichtig, denn der Fadenlauf beeinflußt das Aussehen der Figur.

Die Kartonschablone auf die Rückseite des Stoffes legen. Wo angegeben, an den Stoffbruch anlegen. Vergewissern Sie sich, daß die Pfeile auf dem Stoff in die gleiche Richtung zeigen wie die auf dem Muster. Halten Sie das Muster mit einer Hand fest und zeichnen Sie die Umrisse mit der anderen Hand auf dem Stoff auf. Wenn zwei asymmetrische Stoffteile benötigt werden, zum Beispiel zwei Körperhälften, dann dreht man das Muster um. Es liegt dann spiegelverkehrt. Achten Sie aber auch hier darauf, daß die Pfeile in die richtige Richtung zeigen.

Alle Teile aufzeichnen und prüfen, ob keines vergessen wurde. Dann vorsichtig mit einer großen Schere ausschneiden. Wo Schlitze oder Löcher markiert sind, verwendet man eine kleine, spitze Schere.

Wenn man sehr langfaserigen Plüsch (z.B. für den Nikolausbart) verarbeitet, schneidet man nur durch den Untergrund, ohne den »Pelz« zu zerschneiden. So behalten die Fasern ihre volle Länge. Filz, Samt und einfache Stoffe können doppelt gelegt und ausgeschnitten werden.
Plüsch muß immer gesondert markiert und in einfacher Lage geschnitten werden.

Das Muster mit einem Filzstift auf den Stoff aufzeichnen.

Den Stoff mit einer scharfen Schere ausschneiden.

NÄHTECHNIKEN

Bevor Sie eine Naht beginnen, stecken Sie zunächst die beiden Teile, die verbunden werden sollen, mit Stecknadeln zusammen. Dann werden die Teile mit Nadel und Faden zusammengeheftet. Die Stecknadeln entfernen und den Stoff mit der Maschine (oder mit der Hand) zusammennähen. Der Rand darf etwa 5 mm breit sein. Am Anfang und Ende ein paar Stiche doppelt nähen, damit die Naht nicht aufgeht.

Mit geradem Stich werden die offenen Kanten an Kopf oder Hals zusammengenommen, Spitzen und Bänder gerafft und Nasen genäht. Nehmen Sie einen starken Faden und eine Nadel und nähen Sie mit kleinen, geraden Stichen entlang des Stoffes, der gerafft werden muß. Dann den Faden etwas anziehen und gut vernähen, sonst löst sich die Raffung auf.

Mit dem Leiterstich wird die Öffnung geschlossen, durch die das Spielzeug gefüllt wurde.

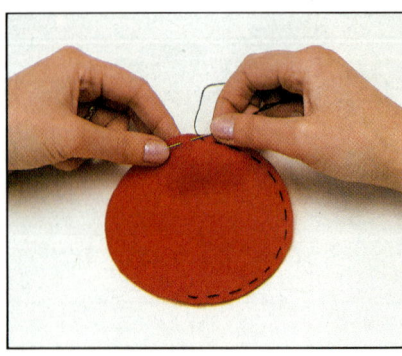

Mit geraden Stichen kann man Stoffe, Spitzen und Bänder raffen.

Durch überwendliches Nähen kann man zwei Stofflagen verbinden.

Mit dem Leiterstich schließt man Öffnungen nach dem Füllen der Figuren und verbindet Köpfe und Gliedmaßen mit dem Rumpf. Man sollte so arbeiten, daß der Stich am Ende fast nicht zu sehen ist. Will man eine Öffnung schließen, beginnt man am äußersten Ende einer Seite. Die Nadel von unten durch den Stoff schieben, daß sich der Knoten an der Unterseite befindet. Nadel und Faden über die Öffnung ziehen und an der anderen Seite parallel zur Stoffkante einen 5 mm langen Stich machen. Nadel und Faden wieder über die Öffnung ziehen und 5 mm neben der ersten Einstichstelle den zweiten Stich parallel zur Stoffkante machen. So weiter verfahren, bis die Öffnung geschlossen ist, dann den Faden fest vernähen.

Den Kopf fest an den Rumpf drücken. Mit einem starken Faden einen kleinen Stich in den Körper machen, wo Kopf und Körper zusammentreffen. Jetzt auf der Höhe des Ausstichlochs einen kleinen Stich in den Kopf machen. So weiterarbeiten, bis der Kopf ganz festsitzt. Zwei- oder dreimal herumnähen. Die Löcher der Naht müssen immer einander gegenüberliegen. Genauso bei Armen und Beinen verfahren. Die Fadenenden gut vernähen.

Durch überwendliches Nähen verbindet man manchmal die offenen Kanten zweier Stoffteile. Die beiden Stücke mit den Kanten aufeinanderlegen. Den Faden (an einem Stoffende beginnend) durch beide Stofflagen ziehen, über die Kante des Stoffes legen und in 5 mm Abstand von dem ersten Stich wieder von der gleichen Seite durchstechen. Auf diese Weise weiternähen. Den Faden immer glatt über die Stoffkante legen.

WENDEN, FÜLLEN, LETZTE FEINHEITEN

Wenn alle Nähte fertig sind, muß der Stoff gewendet werden. Vergewissern Sie sich, daß nirgendwo mehr Löcher offen sind. An Armen und Beinen mit dem Wenden beginnen. Mit den Fingern die Enden nach innen drücken, notfalls mit einem stumpfen Instrument nachhelfen, und dann den Rumpf durch die Öffnung Stückchen für Stückchen herausziehen.

Sobald die Augen eingesetzt sind, kann die Figur gefüllt werden. Das Füllmaterial mit den Fingern etwas auseinanderzupfen, damit eventuelle Klumpen gelöst werden. Etwas Füllmaterial in Arme und Beine schieben und diese nach und nach füllen. Jetzt den Rumpf ausstopfen. Darauf achten, daß der Übergang vom Rumpf zu den Gliedmaßen nicht zu locker ist. Eventuell noch Füllmaterial nachstopfen.

Nach dem Zusammennähen die Figur wenden. Bei Armen und Beinen beginnen. Einen stumpfen Gegenstand, z.B. einen Schraubenzieher, zu Hilfe nehmen.

Kopf und Körper können mit Hilfe des Füllmaterials modelliert werden. Erst wenn Sie mit der Form ganz zufrieden sind, sollten Sie die Öffnung schließen. Die Nähte glattbürsten und eingenähte Fasern herausziehen.

AUGEN UND NASEN

Es gibt verschiedene Augentypen zu kaufen. Die besten haben Sicherheitsverschlüsse aus Metall oder Plastik. Wenn sie richtig angebracht werden, kann man sie kaum wieder entfernen. Die Stiele der Augen steckt man durch kleinste Löcher im Stoff. Der Verschluß – eine Art Unterlegscheibe – wird so weit wie möglich auf die Stiele geschoben. Ist der Stoff sehr locker gewebt, muß man ihn verstärken. Man legt kleine Filzstücke auf die Rückseite des Stoffes und schiebt die Stiele durch beide Stofflagen. Sie können auch um die Augenlöcher herumnähen, um zu vermeiden, daß der Stoff sich dehnt. Soll die Stoffigur für kleine Kinder sein, dann sind aufgestickte Augen am sichersten. Auch runde Filzaugen sehen hübsch aus. Man näht sie mit wenigen Stichen fest.

Plastiknasen gibt es zu kaufen. Sie werden auf die gleiche Weise wie die Augen befestigt. Schwarze Pompons sehen hübsch aus; oder man nimmt ein kleines Stück runden, schwarzen Filz und rafft ihn mit geraden Stichen zu einer Halbkugel. Eine ganze Reihe von Figuren in diesem Buch haben gestickte Nasen.

Das Nähen von Mund und Nase

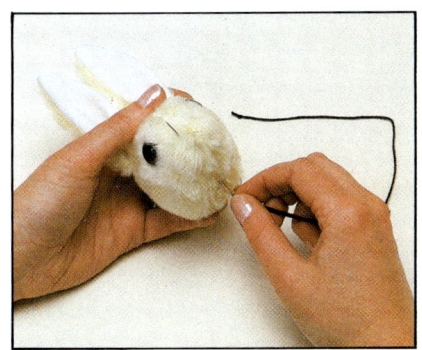

Zuerst Nadel und Stickgarn von der Unterseite des Kopfes zu einem Punkt, der etwa 7 mm links von der Nasenspitze sitzt, durchstechen. Die Naht gibt die Mitte an. Nadel und Faden durchziehen.

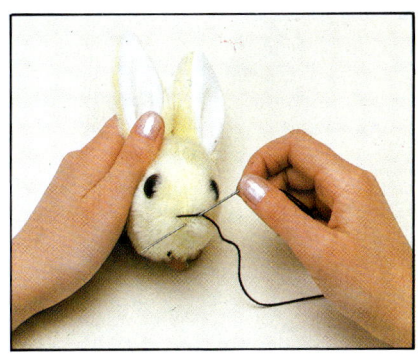

Den Faden zur anderen Seite der Naht legen. Die Nadel so einstechen, daß sie in der Naht etwa 4 mm unterhalb des ersten Stichs austritt.

Die Nadel herausziehen und den Faden unter dem ersten Stich durchschieben. Diesen nach unten ziehen, so daß eine V-Form entsteht. Die Nadel wieder in der Nahtlinie, etwas tiefer als bisher, einstechen, so daß sie rechts der Linie etwas tiefer wieder austritt.

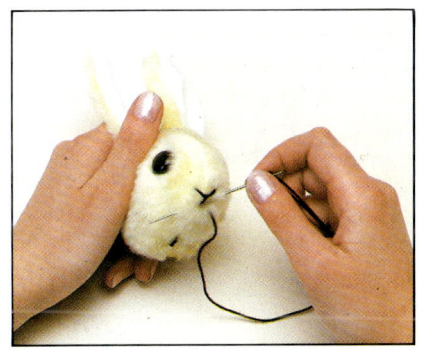

Am unteren Punkt des »V« wieder einstechen, so daß die Nadel diesmal links von der Naht etwas tiefer wieder herauskommt.

Die Nadel wieder im mittleren Punkt einstechen und so durchschieben, daß sie irgendwo an der Unterseite des Kopfes austritt. Auf diese Weise kann man den Faden vernähen, ohne daß er zu sehen ist.

QUIETSCHMÄUSE

MATERIAL

1 kleines Stück pastellfarbener Plüsch
1 kleines Stück Baumwollstoff in einer kontrastierenden Farbe
Kleine schwarze und weiße Filzstreifen
Weiße Kordel
1 Piepser
Füllmaterial

Die Rumpfteile heften und zusammennähen. Die gerade Kante offenlassen. Die weiße Kordel an der markierten Stelle in die Naht mit einnähen. Das Ende der Kordel verknoten, und der Schwanz ist fertig.

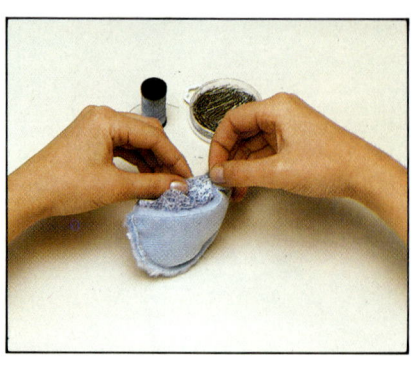

Den Baumwollstoff an das Fell heften und festnähen. Eine kleine Öffnung an der Seite offenlassen, damit die Maus gewendet und ausgestopft werden kann.

QUIETSCHMÄUSE

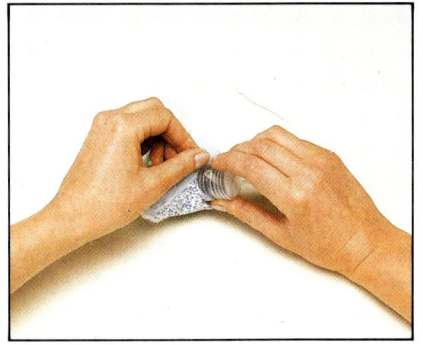

Die Maus auf die rechte Seite wenden. Etwas Füllmaterial in die Nase und in eine Seite der Maus stecken. Den Piepser in die Mitte geben und mit Füllmaterial gut abpolstern. Die Maus jetzt ganz ausstopfen und die Öffnung mit Leiterstichen verschließen.

Die weißen Filzohren an die richtige Stelle legen und überwendlich fest mit dem Kopf vernähen. Die schwarzen Filzaugen etwas unterhalb der Ohren festnähen. Die eingefädelte Nadel von einem Auge zum anderen durchstechen und ein wenig ziehen, bis Sie mit dem Ausdruck der Maus ganz zufrieden sind.

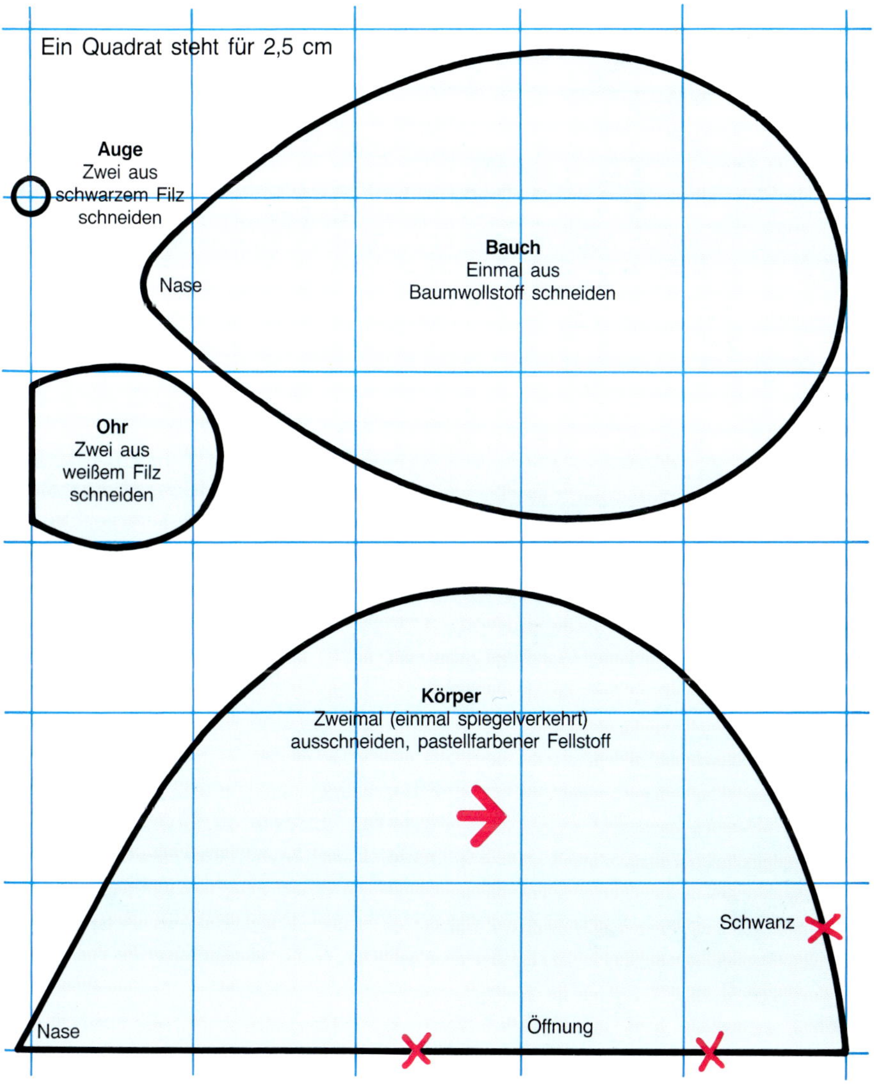

Ein Quadrat steht für 2,5 cm

Auge
Zwei aus schwarzem Filz schneiden

Bauch
Einmal aus Baumwollstoff schneiden

Nase

Ohr
Zwei aus weißem Filz schneiden

Körper
Zweimal (einmal spiegelverkehrt) ausschneiden, pastellfarbener Fellstoff

Schwanz

Nase   Öffnung

KLINGELKÜKEN

MATERIAL

1 kleines Stück zitronengelber Plüsch
1 kleines Stück weißer Plüsch
Etwas schwarzer Filz
Etwas oranger Filz
1 Klingelglöckchen, etwa 5 cm Ø
Band
Füllmaterial

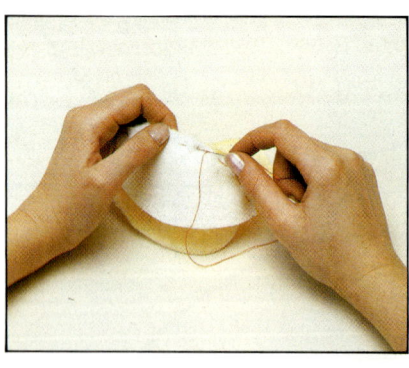

Die beiden Körperhälften mit den rechten Seiten aufeinanderlegen und die obere Kante von den Punkten A bis B zusammennähen. Die Unterseite annähen. Dabei am Punkt A beginnen, zu Punkt B nähen und bei der anderen Seite wieder zu A zurückkehren. An der angegebenen Stelle einen Schlitz in den Bauch schneiden und das Küken wenden. Den Schwanz sorgfältig nach außen drücken.

Das Küken mit dem Füllmaterial ausstopfen. Am Kopf beginnen, dann etwas in den Rumpf stecken und gleichmäßig an einer Seite verteilen. Das Glöckchen in den Rumpf schieben und von allen Seiten gut abpolstern.

KLINGELKÜKEN

Die Öffnung mit einigen Leiterstichen schließen. Die Flügel auf ihren Platz am Hals legen und entlang der geraden Kante überwendlich annähen. Die Augen mit ein paar winzigen Stichen festnähen. Den Schnabel etwas tiefer als die Augen an beiden Ecken mit ein paar Stichen überwendlich annähen. Zum Schluß ein Band um den Hals schlingen und eine Schleife binden.

1 Quadrat entspricht 2,5 cm

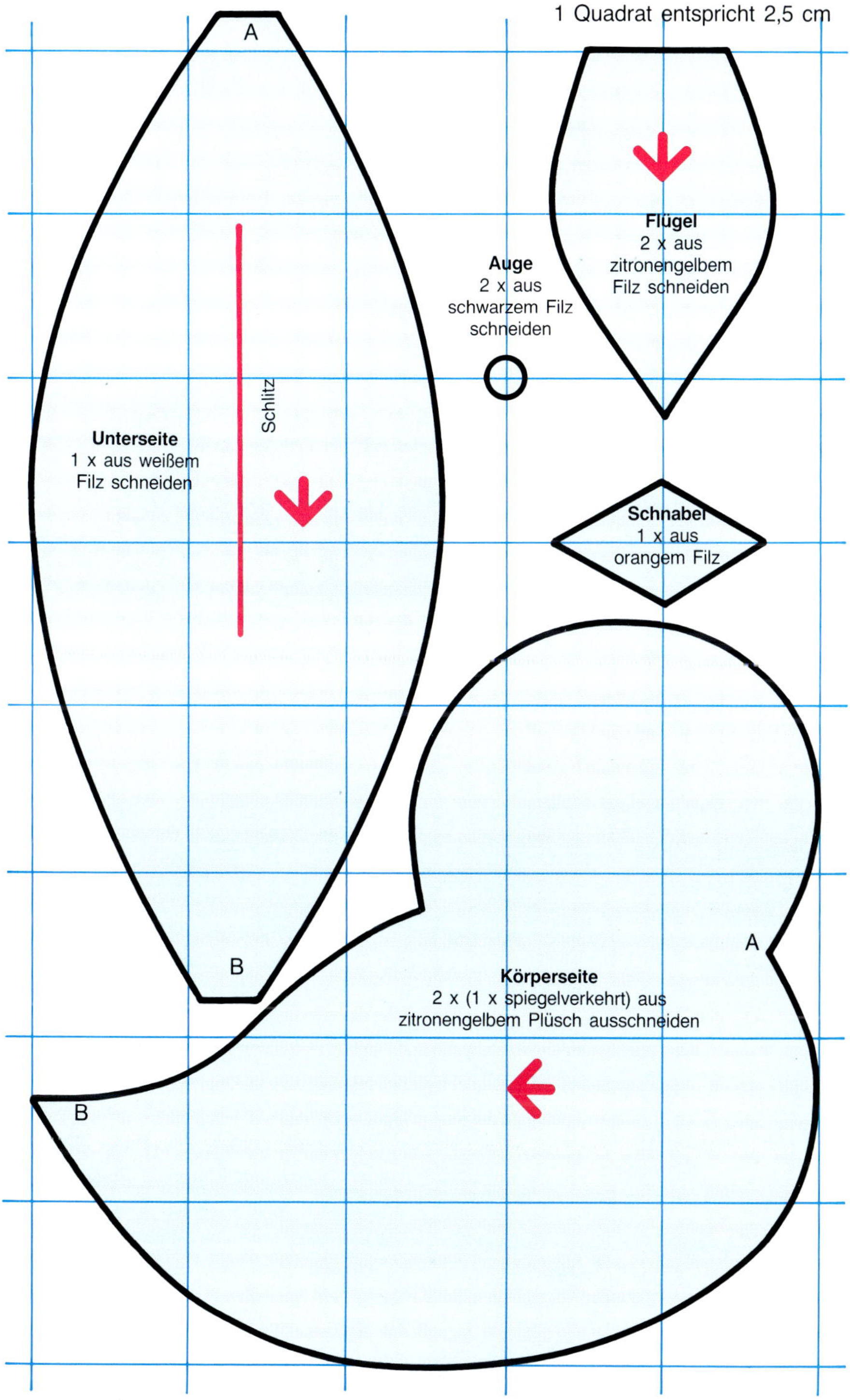

A

Flügel
2 x aus zitronengelbem Filz schneiden

Auge
2 x aus schwarzem Filz schneiden

Unterseite
1 x aus weißem Filz schneiden

Schlitz

Schnabel
1 x aus orangem Filz

B

A

Körperseite
2 x (1 x spiegelverkehrt) aus zitronengelbem Plüsch ausschneiden

B

DOUGLAS, DIE ENTE

MATERIAL

20 cm zitronengelber Plüsch
1 kleines Stück weißer Plüsch
1 Paar Augen mit Verschlüssen
35 cm rot-weiß
 gestreifter Jersey-Stoff
3 weiße Pompons, etwa 35 mm dick
Füllmaterial

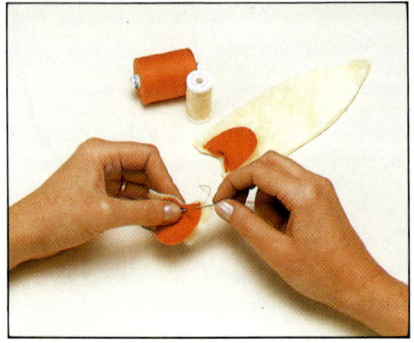

Alle Teile, bis auf die Füße, ausschneiden. Den Stoff an der markierten Augenposition durchstechen. Dann die beiden Schnabelteile an die Punkte A und B der beiden oberen Zwickel stecken und festnähen. Die Schnabelteile mit den rechten Seiten aufeinanderlegen und zusammenstecken. Von den Punkten C und A nähen, dann um den orangen Schnabel herum zu Punkt B und von da aus zu D weiter nähen.

Der Stoff liegt rechts auf rechts. Die beiden Zwickelteile an den Punkten E und F zusammennähen.

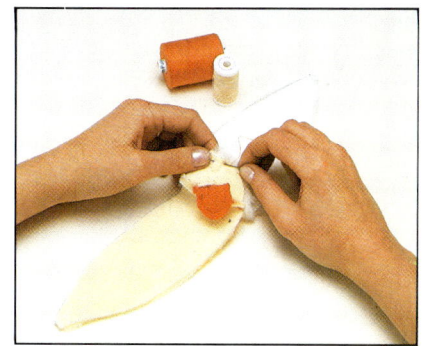

Wenn dieses Teil fertig ist, wird es an die Rumpfseite genäht. Achten Sie darauf, daß die Naht E-F auf dem Zwickel mit den Punkten auf dem Rumpf übereinstimmt. Bei H beginnen und bis Punkt G nähen. Das Ganze auf der anderen Seite wiederholen, von J zu H. Die Ente wenden und Schwanz und Schnabel herausdrücken.

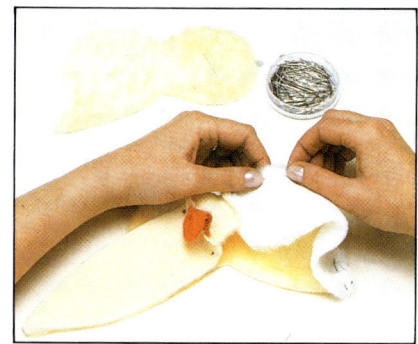

Die Augen durch die Löcher, die zuvor in den Stoff geschnitten wurden, schieben und auf der Rückseite verschließen. Die Ente jetzt ausstopfen. Mit dem Schnabel und dem Kopf beginnen. Wenn beides schön gerundet ist, den Rumpf füllen. Die Öffnung mit dem Leiterstich zunähen.

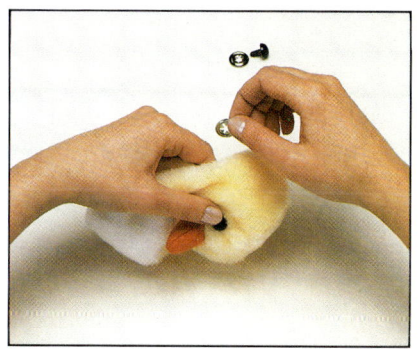

Die Flügelteile mit der rechten Seite aufeinanderlegen und zusammennähen. Die geraden Kanten von K bis L offenlassen. Die Flügel wenden und dabei die Spitzen gut nach außen drücken. Die Öffnungen überwendlich zunähen und die Flügel an den markierten Linien mit dem Rumpf verbinden (Leiterstiche). Die Flügelspitzen schauen nach hinten.

Das Fußmuster zweimal auf doppelt genommenem orangem Filz aufzeichnen. Sorgfältig entlang dieser Linie nähen. Den Filz dicht entlang der Naht ausschneiden. In die Unterseite jedes Fußes einen Schlitz schneiden und etwas Füllmaterial hineinschieben. Die Schlitze vernähen (überwendlich) und die Füße dann mit dem Leiterstich an den markierten Linien mit dem Rumpf zusammennähen.

DOUGLAS, DIE ENTE

Für Schal und Mütze schneidet man zwei Rechtecke aus dem gestreiften Stoff (35 x 7 cm und 15 x 30 cm). Beide der Länge nach falten, heften und zusammennähen. Die Teile auf die rechte Seite wenden. Beim Schal die Enden mit geradem Stich zusammenfassen und an jedes Ende einen Pompon nähen.

Ein Ende der Mütze etwas nach innen stülpen und mit geradem Stich durch beide Stofflagen entlang der Kante nähen. Den Faden fest zusammenziehen und gut vernähen. An die Spitze der Mütze einen Pompon nähen, die Spitze leicht zur Seite klappen und festnähen (Leiterstich). Den unteren Rand der Mütze umschlagen.

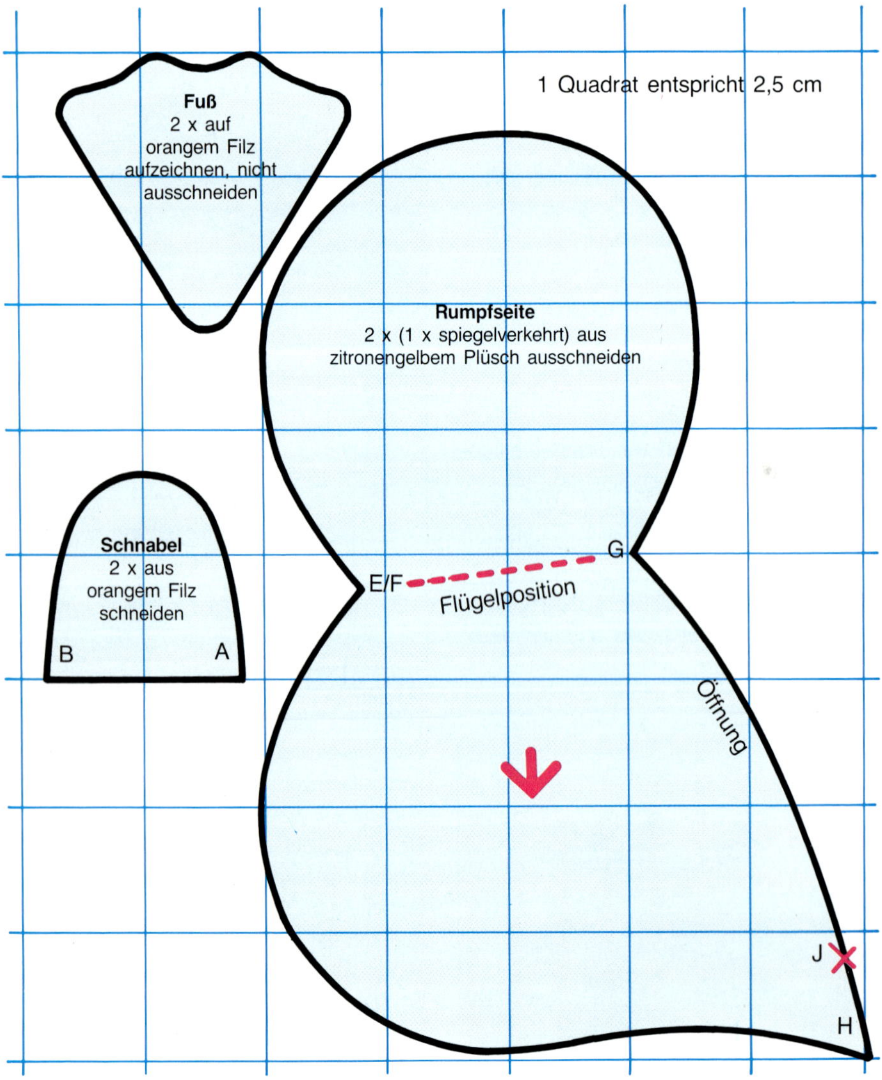

1 Quadrat entspricht 2,5 cm

Fuß
2 x auf orangem Filz aufzeichnen, nicht ausschneiden

Rumpfseite
2 x (1 x spiegelverkehrt) aus zitronengelbem Plüsch ausschneiden

Schnabel
2 x aus orangem Filz schneiden

B   A

E/F — — — G
Flügelposition

Öffnung

J ✗
H

— 24 —

DOUGLAS, DIE ENTE

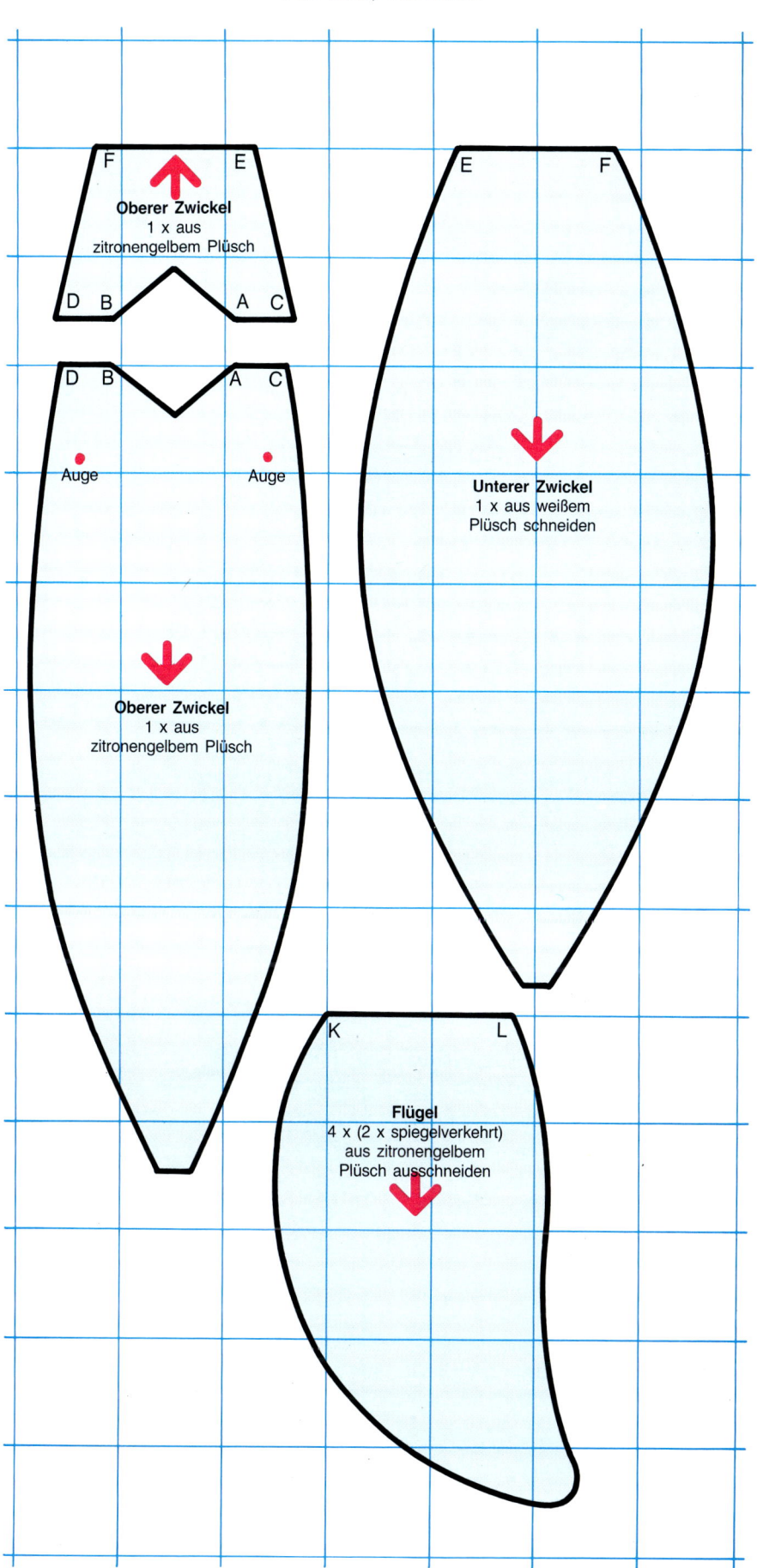

BELINDA, DAS HÄSCHEN

MATERIAL

25 cm goldbrauner Plüsch
Ein kleines Stück weißer Plüsch
Etwas grüner und oranger Filz
1 Paar braune Glasaugen (16,5 mm)
　　mit Sicherheitsverschlüssen
Füllmaterial
Schwarzes Stickgarn
14 x 60 cm karierter Baumwollstoff
Schmales Gummiband

Den Stoff an der markierten Stelle für die Augen durchbohren und entlang der Kanten für den Kopf schneiden. Das goldbraune und das weiße Ohrenteil zusammennähen. Die gerade Kante A bis B offenlassen. Die Ohren wenden und die Spitzen gut nach außen schieben. Die Kante A bis B überwendlich zunähen.

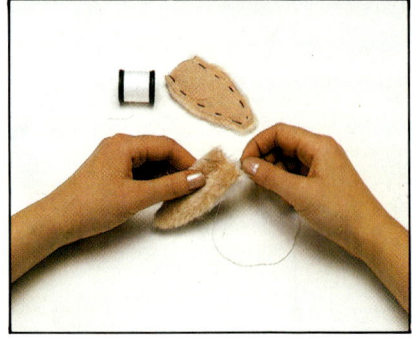

Die beiden Kopfhälften zusammenheften und von C zu D nähen. Die gerade Kante offenlassen. Ein Ohr in den Kopf schieben, wobei die weiße Seite zur Nase hin schaut. Die gerade Kante des Ohrs schließt mit der geraden Kopflinie ab. Alle Stofflagen miteinander vernähen. Mit dem zweiten Ohr ebenso verfahren.

Den Kopf umstülpen und die Nasenspitze nach außen drücken. Die Augen durch die vorbereiteten Löcher schieben und mit Metallverschlüssen sichern. Den Kopf ausstopfen und dabei eine Rundung formen. Achten Sie besonders auf die Backen des Häschens, damit das Gesicht freundlich aussieht.

Mit geradem Stich um die Halsöffnung nähen und fest anziehen. Mehrmals überwendlich vernähen und den Faden gut sichern. Mit schwarzem Stickgarn die Nase aufsticken (Anleitung siehe Seite 17).

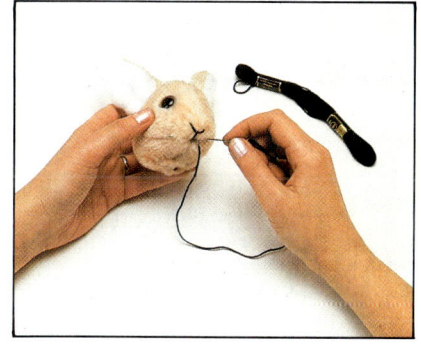

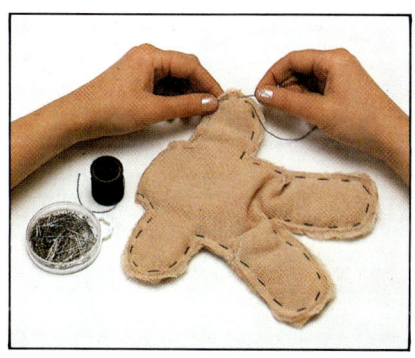

Die Abnäher am Rückenteil des Hasen zunähen. Vorder- und Rückenteil mit den rechten Seiten aufeinanderlegen. Heften und zusammennähen. Die gerade Kante offenlassen. Den Rumpf wenden. Mit dem Ausstopfen bei den Beinen beginnen und den Körper so ausstopfen, daß er eine halb sitzende Position einnimmt. Die Öffnung sorgfältig zunähen.

Den Kopf mit Leiterstichen an den Rumpf nähen. Mehrmals hin und her nähen. Die Kante des runden Schwanzteils mit geraden Stichen leicht zusammenziehen. Etwas Füllmaterial in die Mitte geben und den Faden ganz anziehen. Gut vernähen und den Schwanz mit Leiterstichen mit dem Rumpf verbinden.

BELINDA, DAS HÄSCHEN

Den Filz für die Karotte zuschneiden. Das Dreieck der Länge nach falten und die geraden Kanten zusammennähen. Das runde Stücke oben anheften und festnähen. Einen kleinen Schlitz oben in die Karotte schneiden und diese wenden. Füllen und den Schnitt vernähen. Das grüne Blatt in der Mitte raffen und auf die Karotte aufnähen. Diese mit Leiterstichen im Arm des Häschens befestigen.

Den Baumwollstoff an der schmalen Kante zusammennähen. Die untere Kante umsäumen. Die obere Kante erst 5 mm, dann 15 mm umschlagen (nach innen) und mit der Maschine annähen. Eine 15 mm breite Öffnung an der Rückseite des Röckchens übriglassen. Ein Gummiband einziehen und der Taillenweite des Hasen anpassen.

Ein Quadrat entspricht 2,5 cm

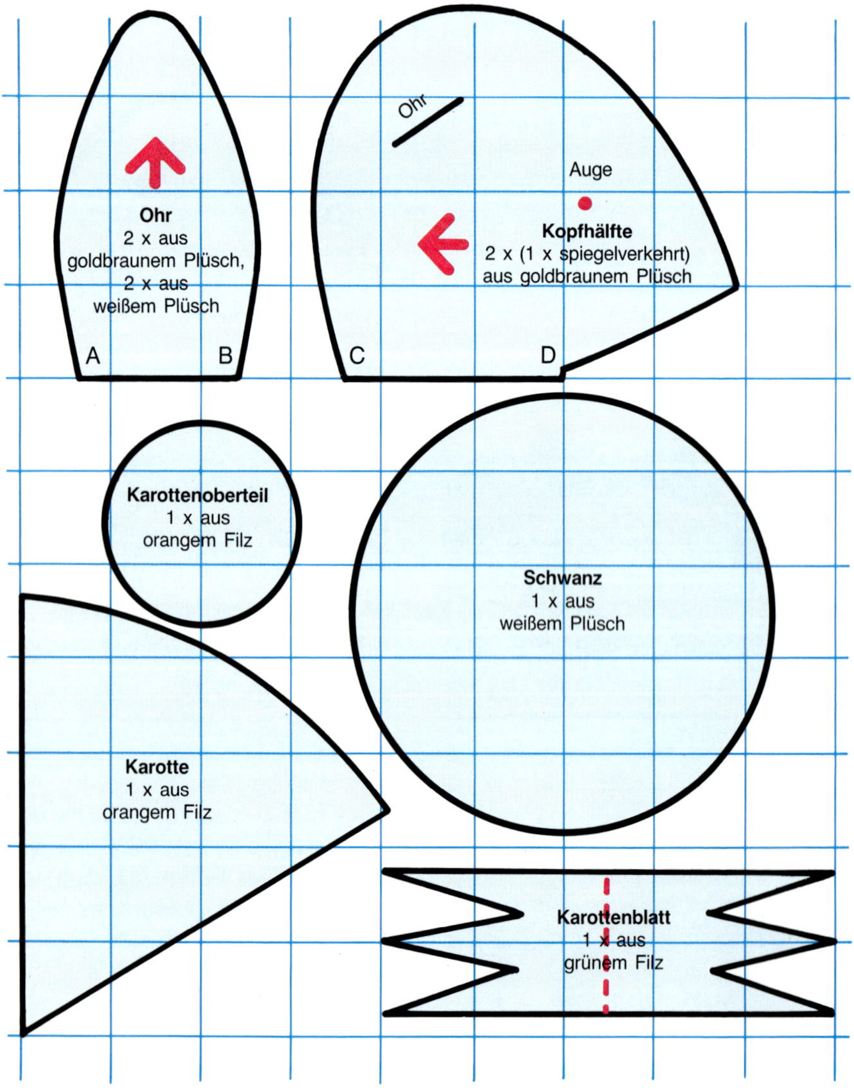

Ohr
2 x aus goldbraunem Plüsch,
2 x aus weißem Plüsch

A   B

Kopfhälfte
2 x (1 x spiegelverkehrt) aus goldbraunem Plüsch

Ohr

Auge

C   D

Karottenoberteil
1 x aus orangem Filz

Schwanz
1 x aus weißem Plüsch

Karotte
1 x aus orangem Filz

Karottenblatt
1 x aus grünem Filz

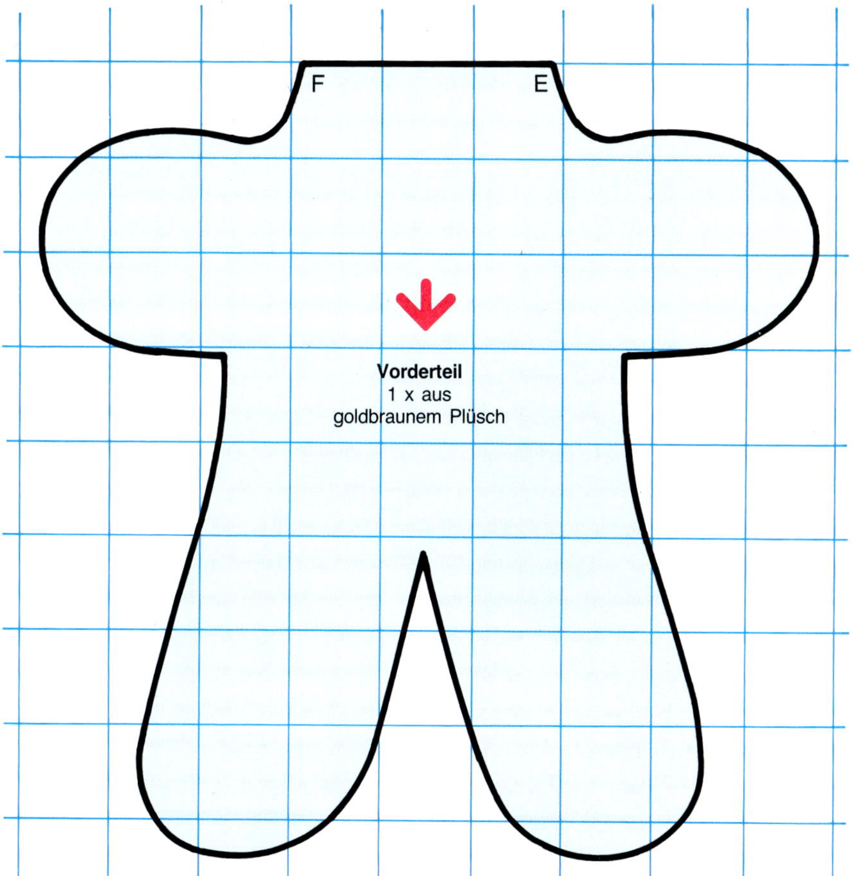

BELINDA, DAS HÄSCHEN

F E

↓

Vorderteil
1 x aus
goldbraunem Plüsch

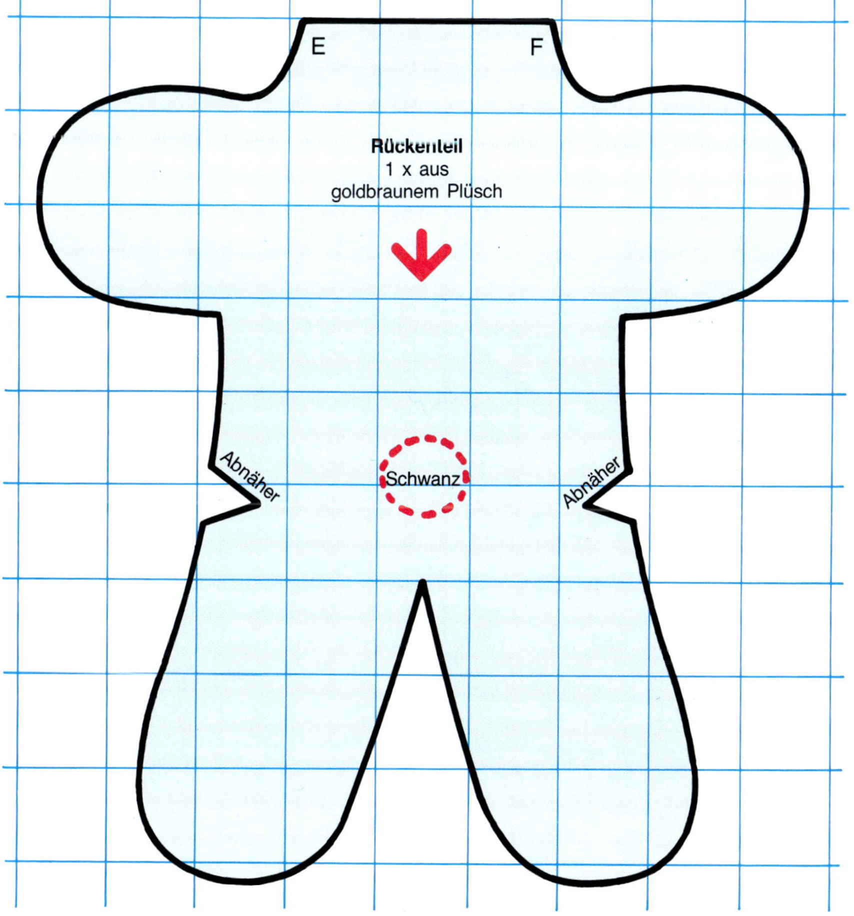

E F

Rückenteil
1 x aus
goldbraunem Plüsch

↓

Abnäher Schwanz Abnäher

BELINDA, DAS HÄSCHEN

29

QUIRIN, DAS EICHHÖRNCHEN

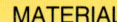

MATERIAL

Roter/brauner Plüsch
Roter/brauner, langhaariger Webpelz
  für den Schwanz
Ein kleines Stück weißer Plüsch
Etwas brauner Filz für die Ohren
1 Paar Augen
  mit Sicherheitsverschluß
Schwarzes Stickgarn
Füllmaterial

An beiden Seitenteilen die Abnäher zunähen. Dann den Abnäher am Schwanz zunähen und den Schwanz an den Punkten A und B an beiden Seiten an die Körperhälften nähen.

QUIRIN, DAS EICHHÖRNCHEN

Die Körperhälften mit den rechten Seiten aufeinanderlegen und von C bis D zusammennähen. Achten Sie darauf, daß Punkt B genau richtig liegt. Die Naht geht dann von der Nasen- bis zur Schwanzspitze.

Die beiden weißen Einsatzteile rechts auf rechts legen und von E bis F zusammennähen. (Eine Öffnung zum Ausstopfen lassen.) Diesen Einsatz an den Körper annähen. Man beginnt bei Punkt E, geht weiter zu A und F und zurück zu E. Zuletzt kommt die Naht C-E an die Reihe.

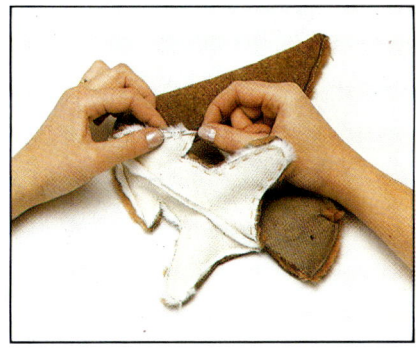

An den angegebenen Punkten kleine Löcher durchstechen. Das Eichhörnchen wenden. Dabei beginnt man mit dem Schwanz. Diesen und die Beine mit einem langen, stumpfen Gegenstand nach außen drücken. Die Augen einsetzen und auf der Rückseite mit dem Sicherheitsverschluß befestigen.

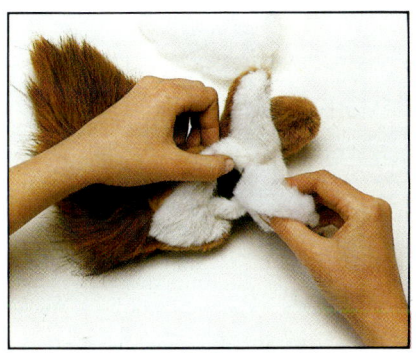

Das Eichhörnchen ausstopfen. Nur wenig Füllmaterial in die Schwanzspitze schieben. Das Hinterteil des Eichhörnchens gut füllen, dann den Kopf, dabei besonders darauf achten, daß der Hals prall gefüllt ist. Nun die Beine ausstopfen. Sie sollen aber nicht zu fest werden.

Zuletzt Schultern und Bauch füllen und sanft in Form drücken. Wenn Sie mit dem Aussehen des Eichhörnchens ganz zufrieden sind, die Öffnung am Bauch mit ein paar Leiterstichen verschließen.

QUIRIN, DAS EICHHÖRNCHEN

Die Ohren aus braunem Filz schneiden. Ein Ohr längs zusammenfalten und die gerade Kante überwendlich am Kopf festnähen. Mit dem zweiten Ohr ebenso verfahren. Darauf achten, daß die Ohren aufrecht stehen.

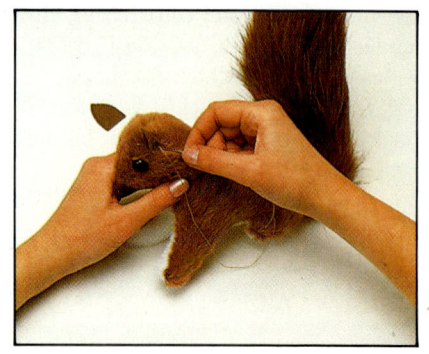

Die Nase mit schwarzem Garn aufsticken (siehe Anleitung Seite 17). Wer möchte, kann den Kopf leicht zurückbiegen und mit ein paar Stichen befestigen. Das gibt dem Eichhörnchen einen anderen Ausdruck.

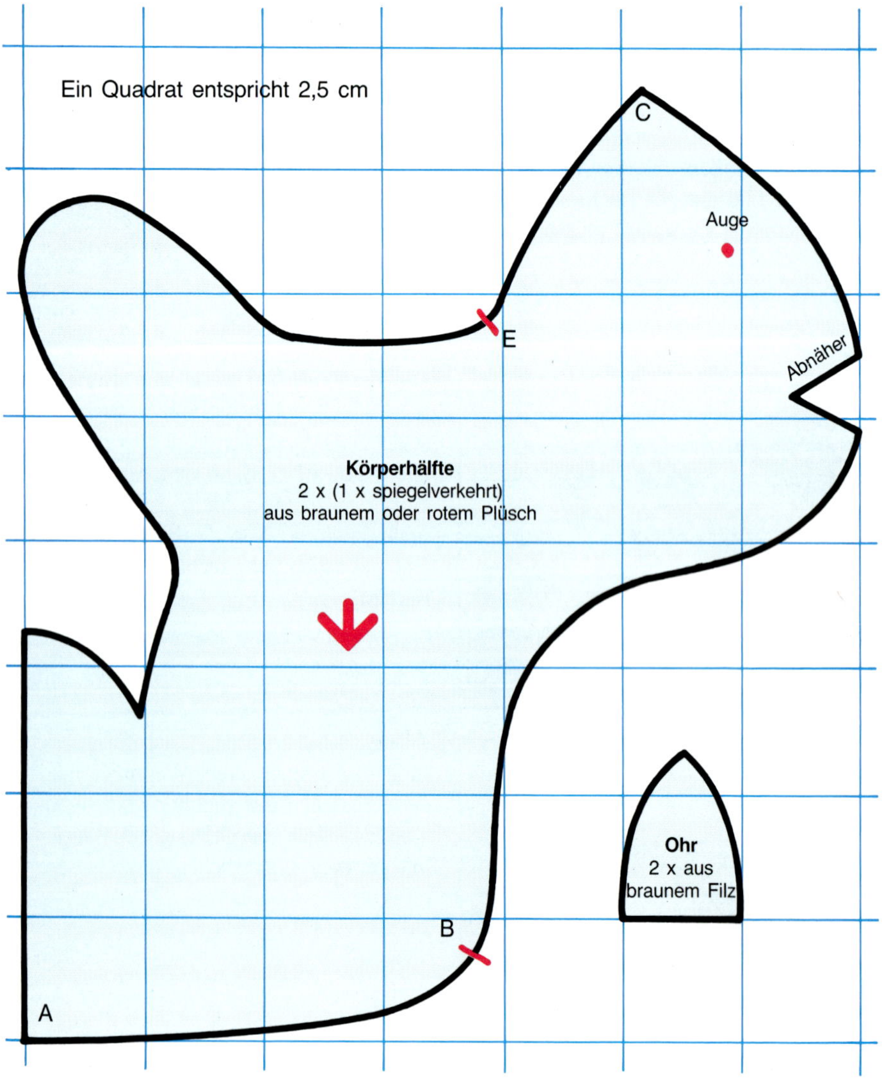

Ein Quadrat entspricht 2,5 cm

Körperhälfte
2 x (1 x spiegelverkehrt)
aus braunem oder rotem Plüsch

Auge

Abnäher

Ohr
2 x aus braunem Filz

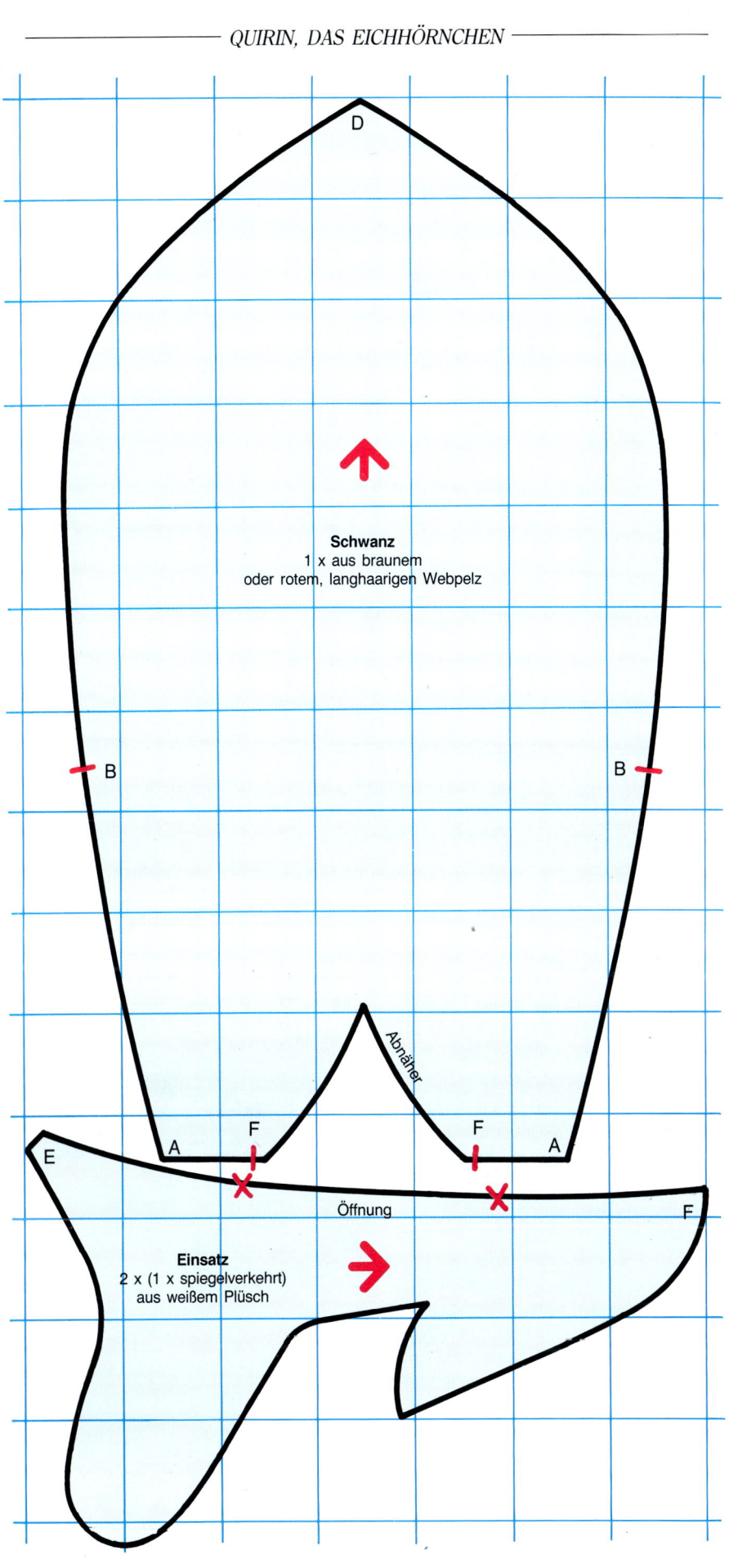

HAMLET, DAS SCHWEIN

MATERIAL

20 cm rosafarbener Plüsch
Rosafarbener Filz
1 Paar Augen (13,5 mm)
  mit Sicherheitsverschluß
Schmaler Hosengummi
Füllmaterial

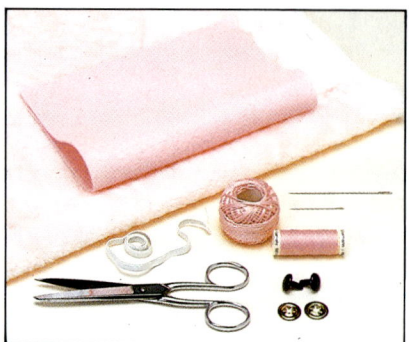

Kleine Löcher für die Augen und Schlitze für die Ohren in die Kopfteile schneiden. Die Abnäher schließen. Das Futter in die Ohren nähen, aber die gerade Kante offenlassen. Die Ohren wenden und der Länge nach zuklappen, so daß der Filz innen ist. Die Ohren so in die Schlitze des Kopfes schieben, daß der Filz nach vorn weist. Die Ohren durch alle Stofflagen annähen.

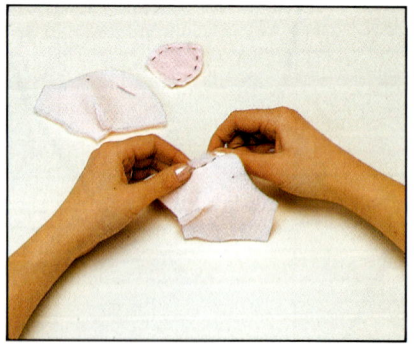

Den Einsatz an der ersten Kopfhälfte von den Punkten G bis H annähen, dann an der zweiten. Die Naht J-K schließen. Die Nasenöffnung aufklappen und etwas dehnen, so daß die runde rosa Filzscheibe hineinpaßt. Das Filzstück festnähen. Den Kopf wenden.

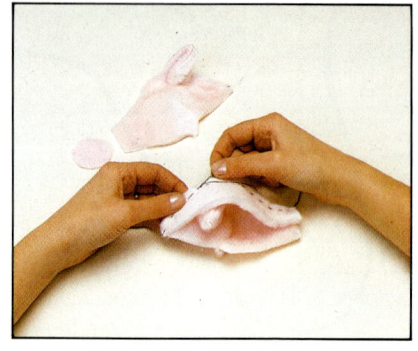

HAMLET, DAS SCHWEIN

Die unteren Körperhälften von Punkt A bis B zusammennähen. Die Öffnung zum Füllen an der angegebenen Stelle offenlassen.

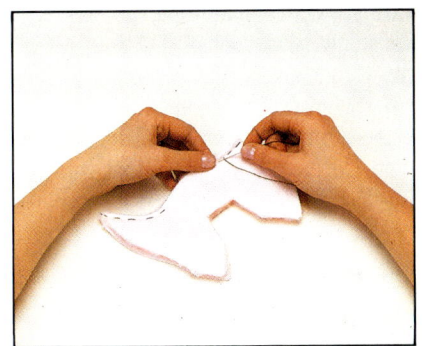

Den Schwanz längs zusammenklappen und an der langen Kante zunähen. Ein Gummistück durchziehen und ein Ende überwendlich verschließen, so daß der Gummi mit eingenäht ist. Den Gummi etwas anziehen, bis sich der Schwanz kräuselt. Den Schwanz zunähen und den überstehenden Gummi abschneiden.

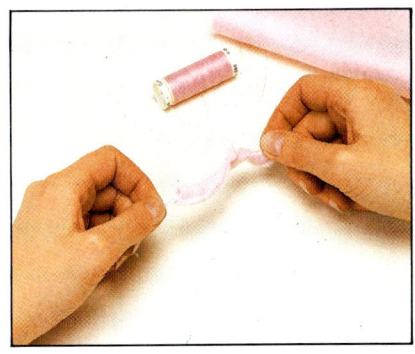

Bei beiden Körperhälften die Abnäher zunähen. Von den Punkten L bis B so zusammennähen, daß der Schwanz mit angefügt wird. Die unteren Körperhälften und die oberen nähen. Man beginnt bei Punkt A und näht bis C, weiter von D bis E und schließlich von F bis B.

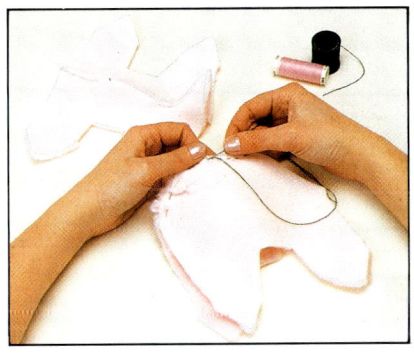

Die Füße werden so genäht, daß die beiden Seitennähte in der Mitte zusammentreffen. Dann entlang der offenen Kante der V-Form nähen.

Den Kopf so in den Körper stecken, daß die rechten Stoffseiten aufeinanderliegen. Die Halskanten liegen genau übereinander. Den Kopf leicht drehen, so daß die Naht bei K den markierten Punkt trifft. Um diese Kante herumnähen, so daß Kopf und Körper fest verbunden sind.

HAMLET, DAS SCHWEIN

Das Schwein wenden und die Füße vorsichtig herausziehen. Die Augen in die vorbereiteten Löcher stecken und befestigen. Das Schwein ausstopfen. Dabei an der Schnauze beginnen. Nach dem Kopf die Füße füllen und dann nach und nach den ganzen Körper.

Wenn Sie mit dem Aussehen des Schweinchens zufrieden sind, die Öffnung am Bauch schließen (Leiterstiche). Zum Schluß zwei rosa Punkte auf die Schnauze aufsticken.

Ein Quadrat entspricht 2,5 cm

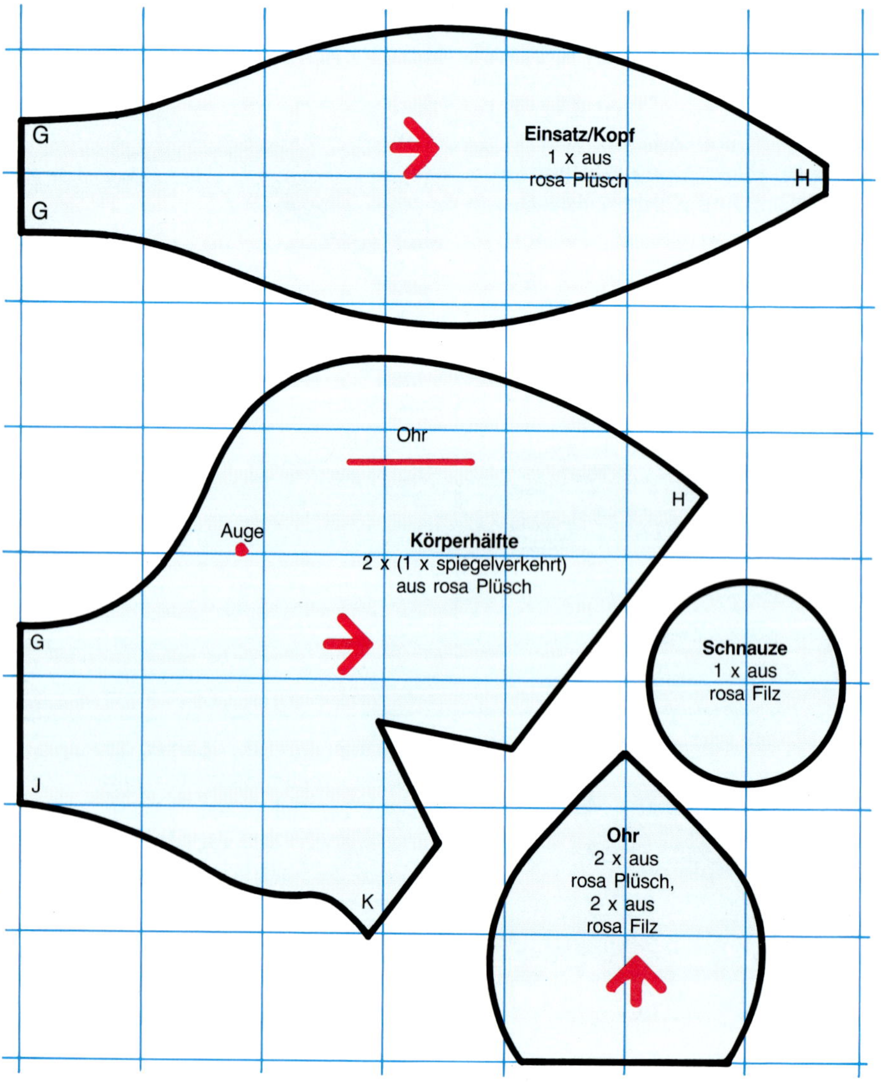

Einsatz/Kopf
1 x aus
rosa Plüsch

Körperhälfte
2 x (1 x spiegelverkehrt)
aus rosa Plüsch

Ohr
Auge

Schnauze
1 x aus
rosa Filz

Ohr
2 x aus
rosa Plüsch,
2 x aus
rosa Filz

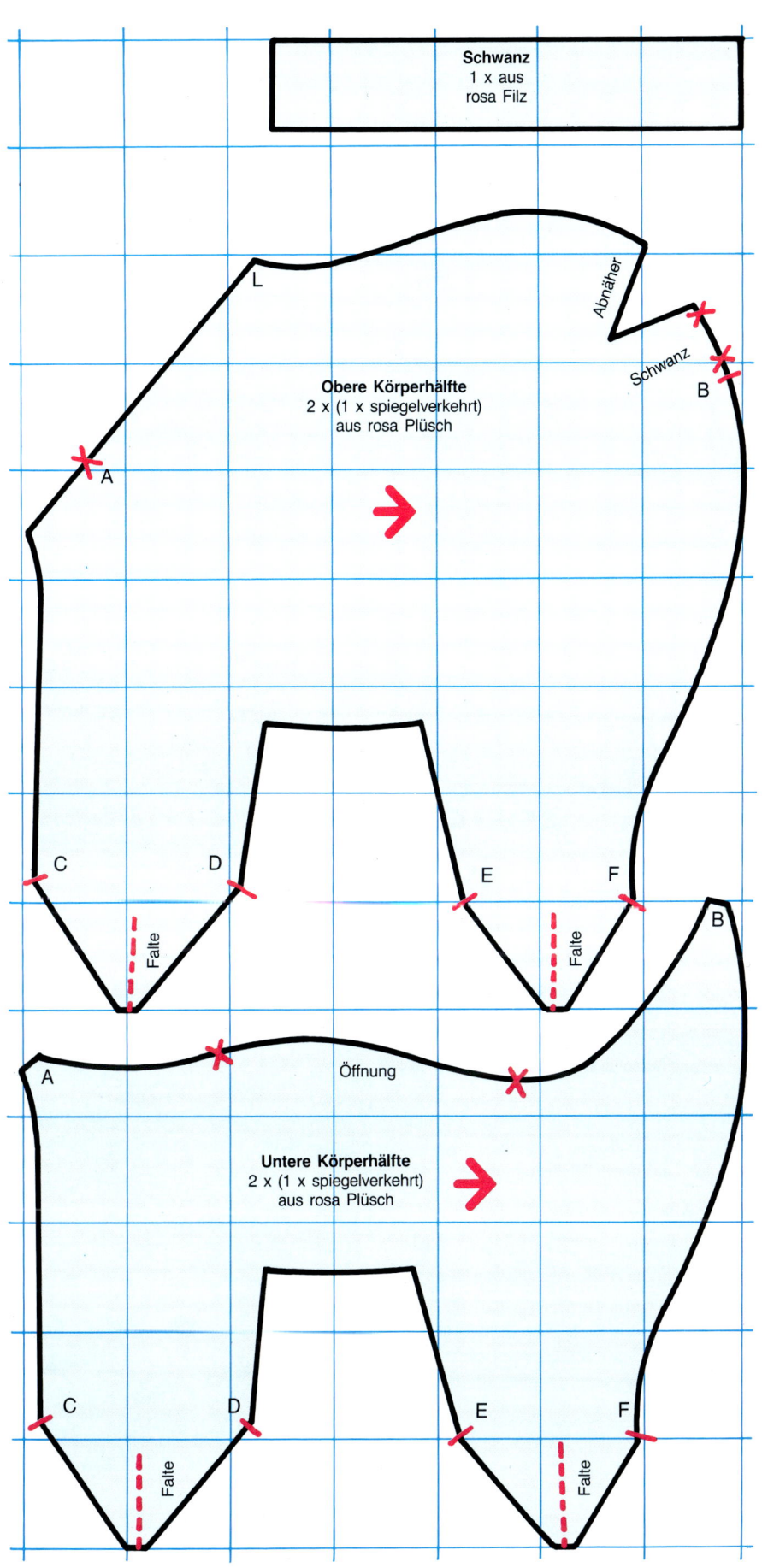

LUCY, DAS LAMM

MATERIAL

*25 cm wolliger, weißer Webpelz
Samt- oder Filzstreifen
  für die Ohren
Grüne und gelbe Filzstückchen
1 Paar braune Augen (16,5 mm)
  mit Sicherheitsverschluß
Rosafarbenes Stickgarn
Füllmaterial*

Das Futter auf die Ohren nähen. Die gerade Kante offenlassen. Die Ohren wenden und der Länge nach zusammenfalten. Die offenen Kanten durch alle Stofflagen zunähen. Ein Ohr so in den Schlitz im Kopfteil schieben, daß das Futter zur Nase hin weist. Das Ohr durch alle Stofflagen festnähen. Das zweite Ohr ebenfalls annähen.

Die Abnäher an den Kopfteilen zunähen. Den Kopfeinsatz zwischen den Punkten A und B an das linke Kopfteil nähen. Dann an der anderen Seite von B nach A nähen und weiter die beiden Teile von A bis zum Halsansatz verbinden. Die Naht vom Kinn zum Halsansatz schließen.

LUCY, DAS LAMM

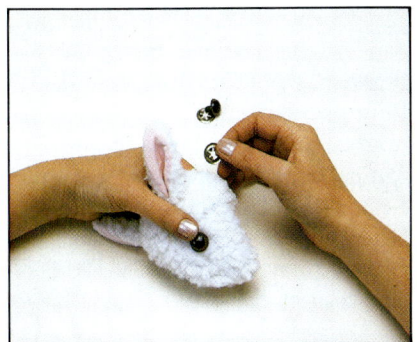

Kleine Löcher für die Augen stechen und den Kopf nach rechts wenden. Die Augen einsetzen und auf der Rückseite mit den Sicherheitsverschlüssen befestigen. Den Kopf fest ausstopfen und die Öffnung mit geraden Stichen schließen.

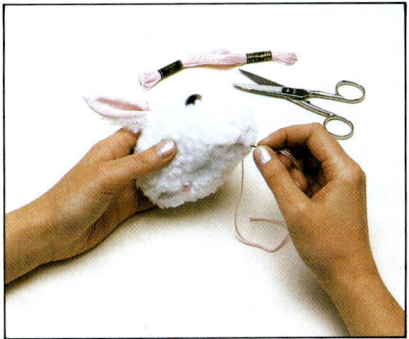

Mit rosa Garn Nase und Mund aufsticken. Folgen Sie der Anleitung auf Seite 17.

Den grünen Filz für das Gras von beiden Enden her zur Mitte falten. In Mundhöhe an das Lamm nähen und gut vernähen. Die gelbe Blüte an das Ende eines »Grashalms« nähen. Den Kopf beiseite legen.

Den Schwanz der Länge nach (rechte Seiten aufeinander) zuklappen und zunähen. Die gerade Kante offenlassen. Wenden. Die Abnäher an den großen Körperhälften zunähen. Die Hälften von E bis F zusammennähen. Die rückwärtige Naht G-H schließen und den Schwanz dabei am markierten Punkt so einnähen, daß er nach unten weist.

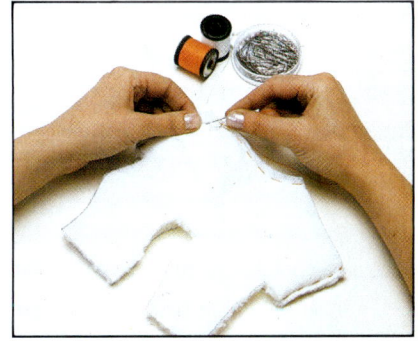

Die inneren, kleinen Körperhälften rechts auf rechts aufeinanderlegen und die Naht C-D schließen.

LUCY, DAS LAMM

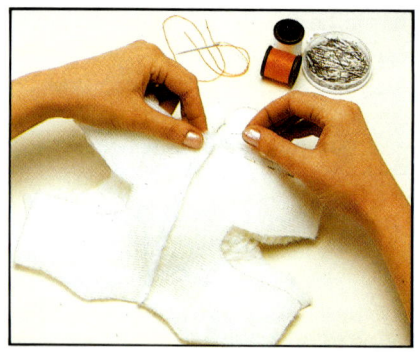

Die inneren Körperhälften mit den äußeren zusammennähen. Bei Punkt O beginnen. Das Bein hinauf, über die Brust und das andere Bein hinunter arbeiten. Die hinteren Beine zunähen und bei Punkt N beginnen. Die Naht J-K zwischen den Vorder- und Hinterbeinen auf beiden Seiten schließen. Die Fußöffnungen so dehnen, daß die Pfoten genau hineinpassen.

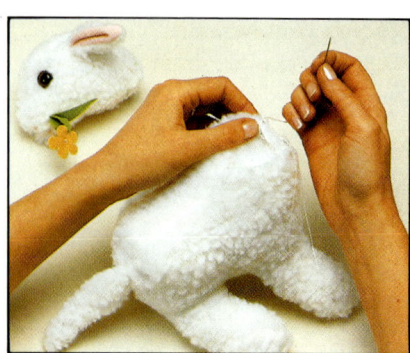

Den Körper wenden und ausstopfen. Bei den Beinen beginnen. Sobald der Rumpf schön fest ist, die Halsöffnung mit geradem Stich einfassen und zusammenziehen. Den Kopf auf den Körper halten und etwas drehen. Kopf und Körper mit Leiterstichen fest verbinden.

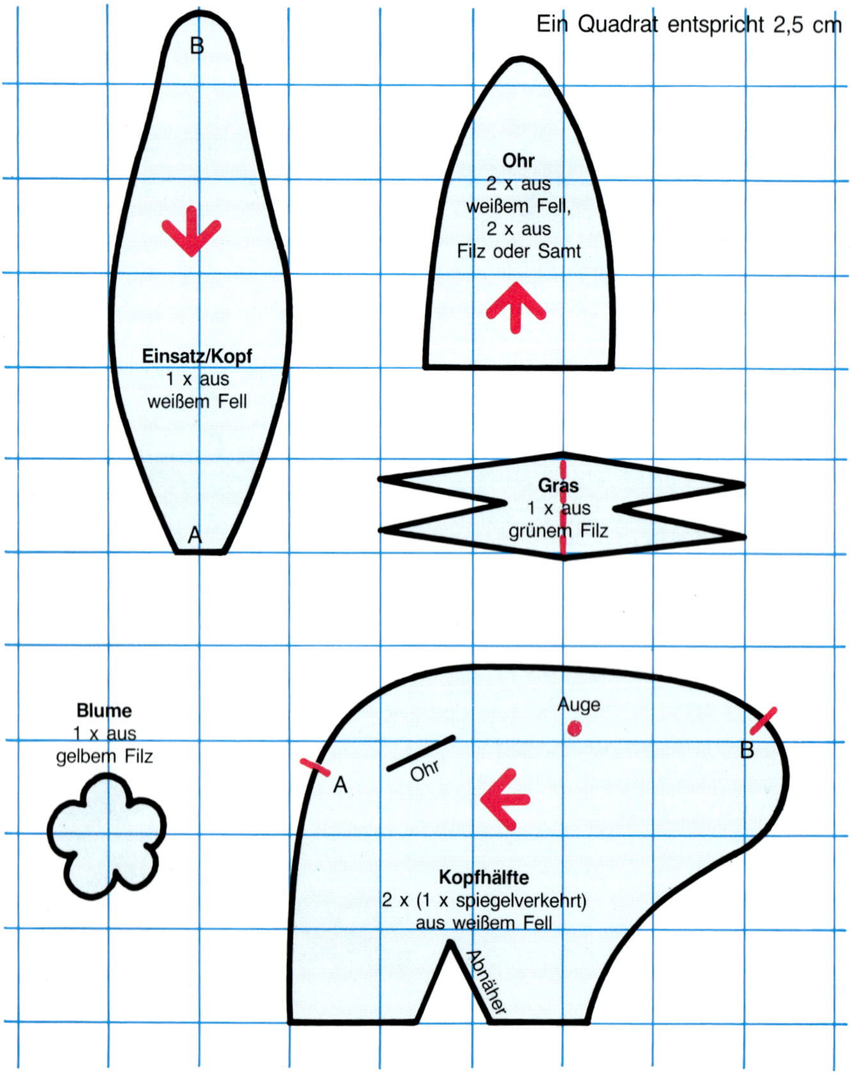

Ein Quadrat entspricht 2,5 cm

Einsatz/Kopf
1 x aus
weißem Fell

B
A

Ohr
2 x aus
weißem Fell,
2 x aus
Filz oder Samt

Gras
1 x aus
grünem Filz

Blume
1 x aus
gelbem Filz

Kopfhälfte
2 x (1 x spiegelverkehrt)
aus weißem Fell

Auge
Ohr
A
B
Abnäher

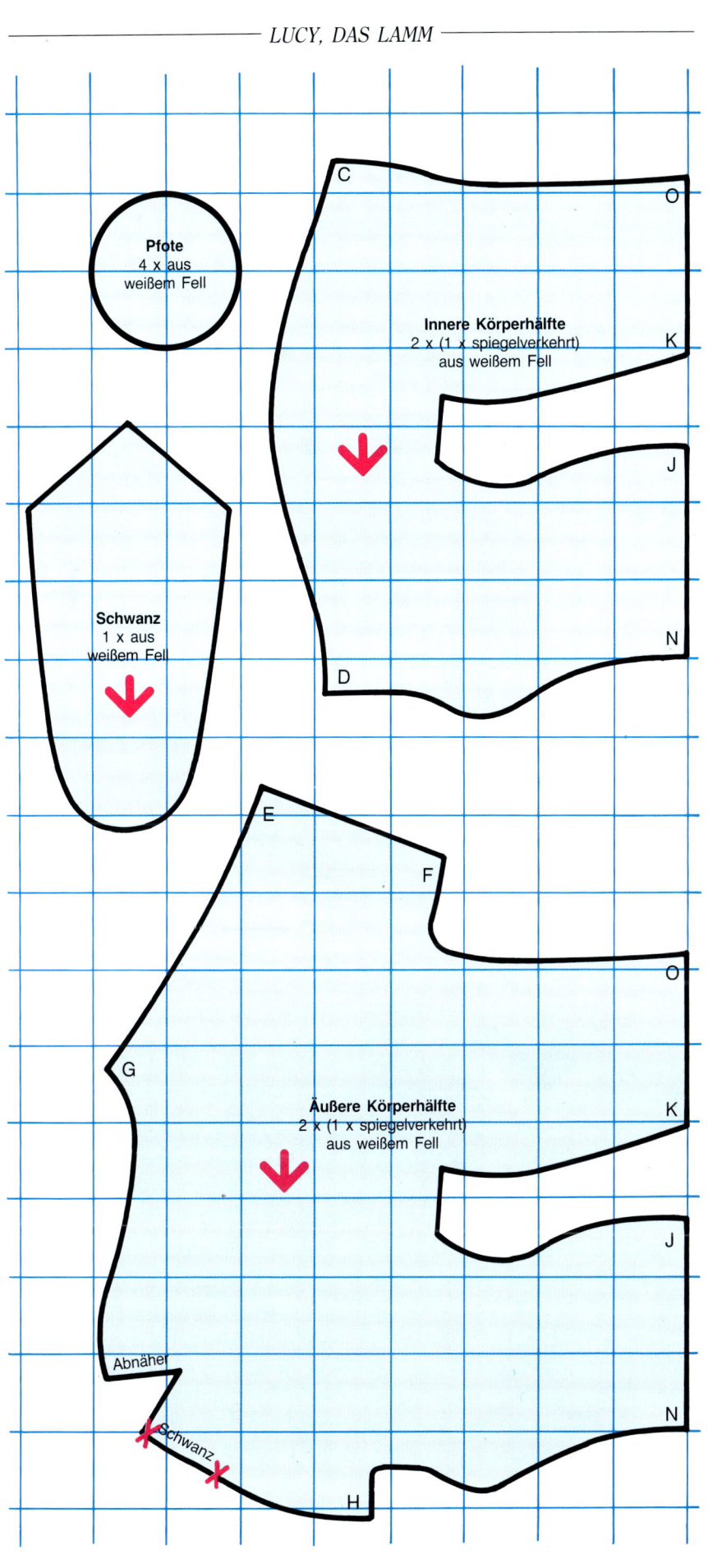

BEATRIX, DIE KUH

MATERIAL

30 cm beiger Plüsch
Etwas weißer Plüsch
Etwas langhaariger weißer Webpelz
Ein Streifen schwarzer Filz
Ein Streifen weißer Filz
1 Paar braune Augen mit
  Sicherheitsverschlüssen (18 mm)
Schwarzes Stickgarn
Füllmaterial

Die Ohren zusammennähen und die gerade Kante offenlassen. Die Ohren wenden und der Länge nach falten, so daß die weiße Seite innen ist. Die offene Kante zunähen, so daß das Ohr gefaltet bleibt. Die seitlichen Kopfteile nehmen und kleine Löcher für die Augen und Schlitze für die Ohren hineinschneiden. Die Ohren in die Schlitze schieben und so annähen, daß die weiße Seite nach vorn weist.

Den Oberkopf an die Stirnseite zwischen den Punkten A und B nähen. Den Hinterkopf zwischen C und D an den Oberkopf nähen. Dieses Stück jetzt an eine Kopfhälfte von E bis F nähen, dann an die zweite Hälfte. Zuletzt das Kinnstück beidseitig von G bis H festnähen.

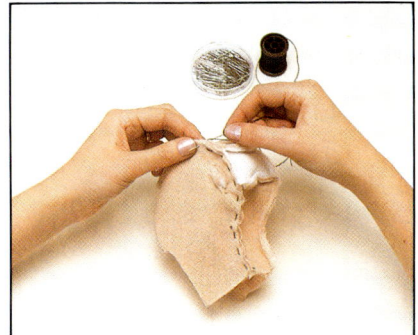

Die weiße Nase in die Öffnung einpassen und festnähen. Den Stoff eventuell etwas dehnen. Den Kopf wenden und die Augen einsetzen. Mit den Sicherheitsverschlüssen befestigen. Den Kopf ausstopfen. In die Backen etwas mehr Material stecken. Die offene Kante mit geradem Stich einfassen und zusammenziehen. Den Faden vernähen.

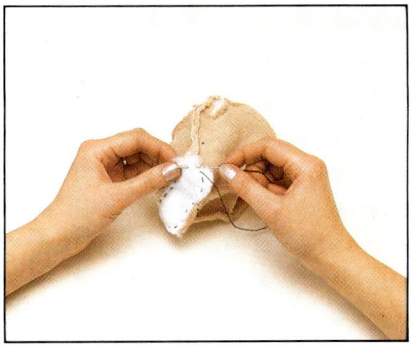

Etwas Fell an der Nase wegschneiden und dort die Nasenlöcher aufnähen. Als Mund unterhalb der Nase eine gerade Linie mit schwarzem Stickgarn nähen.

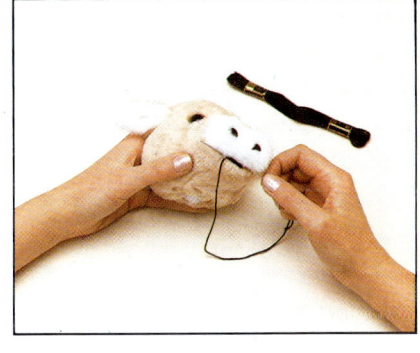

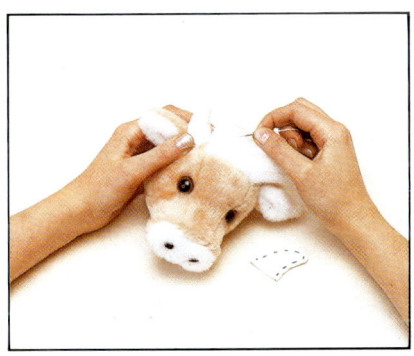

Die Hörner auf einer Doppellage Filz aufzeichnen. Um diese Linie herum nähen, dabei die gerade Kante offenlassen. Die Hörner mit einer scharfen Schere ausschneiden. Dann wenden und ausstopfen. Um die offene Kante herum nähen, den Faden zusammenziehen und vernähen. Die Hörner mit Leiterstichen an die markierten Stellen neben dem Fellbüschel nähen.

Die beiden inneren Einsätze rechts auf rechts legen und von den Punkten J bis K zusammennähen. Diese Teile mit den äußeren Rumpfhälften von den Punkten N bis O an beiden Seiten verbinden.

Die Vorderbeine aufklappen. Die rechten Seiten aufeinanderlegen und die Hufe entlang der geraden Kanten an die Vorderbeine nähen.

Die Vorderbeine wieder entlang der Naht falten und die Kanten Q-P-T an die Hufspitze nähen. Dann die Hinterbeine auseinanderklappen und die Hufe in der gleichen Weise annähen. Wieder zuklappen und die Kanten K-R-T nähen.

Jedes Bein so legen, daß sich die Nähte in der Mitte treffen. Die Hufe zunähen.

Den Schwanz der Länge nach falten und die lange Kante zunähen. Die weiße Fellquaste mit der linken Seite zuklappen. Zunähen und entlang der Stiche abschneiden. Diese Quaste in ein Ende des Schwanzes schieben und die offenen Kanten zusammennähen. Den Schwanz mit der Quaste wenden. Die rückwärtige Naht der Kuh von L bis K schließen, dabei den Schwanz an der markierten Stelle mit einnähen.

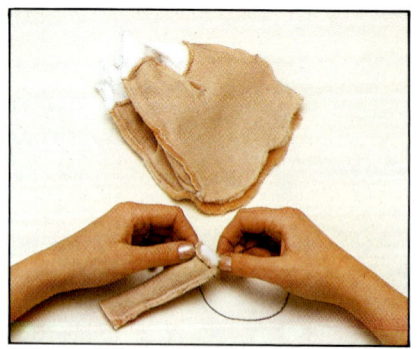

Zuerst die Beine ausstopfen, dann den restlichen Körper. Wenn Sie mit der Form zufrieden sind, die Halsöffnung mit geraden Stichen umnähen und zusammenziehen. Den Kopf in der gewünschten Haltung mit Leiterstichen am Rumpf festnähen.

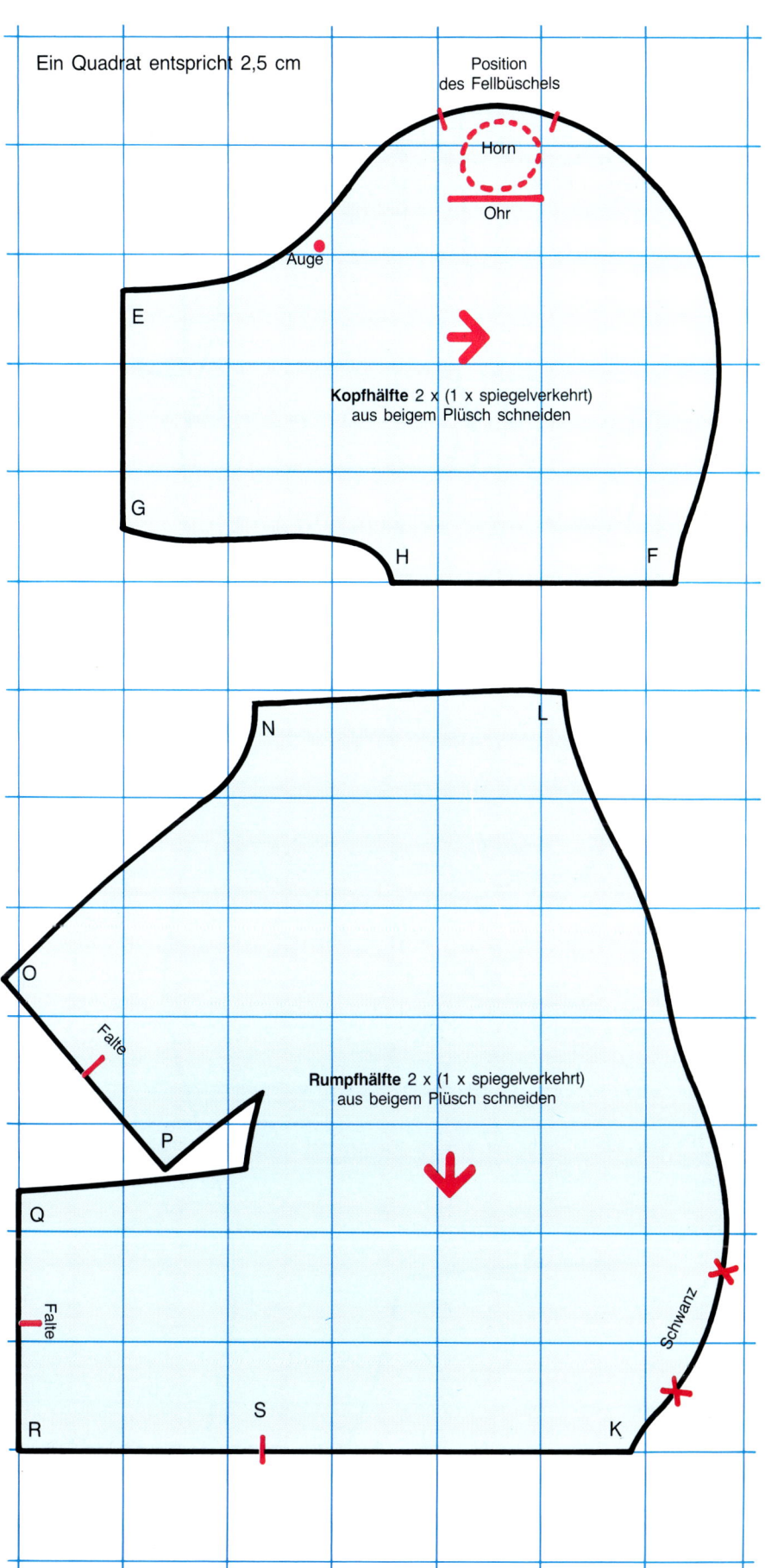

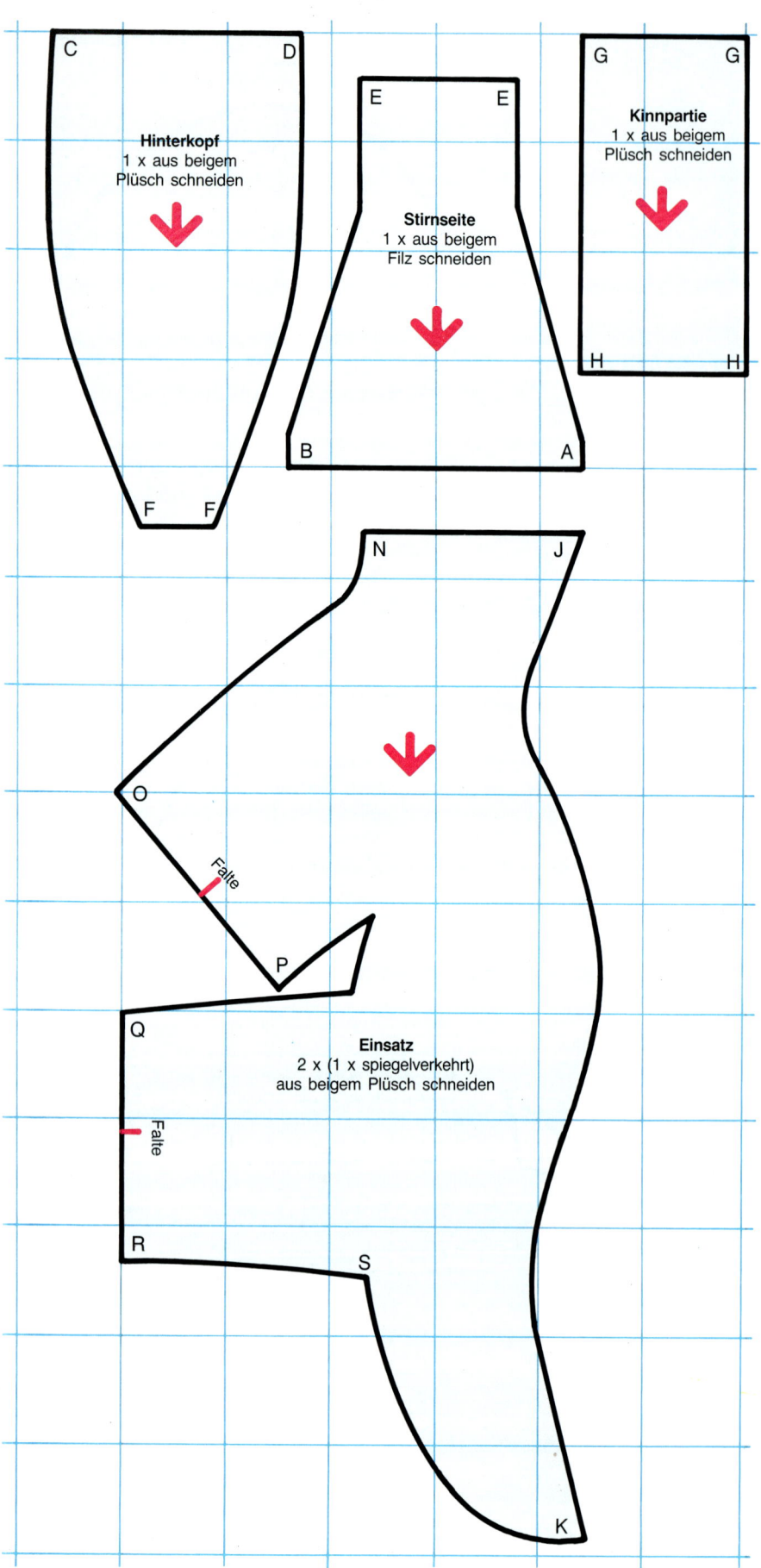

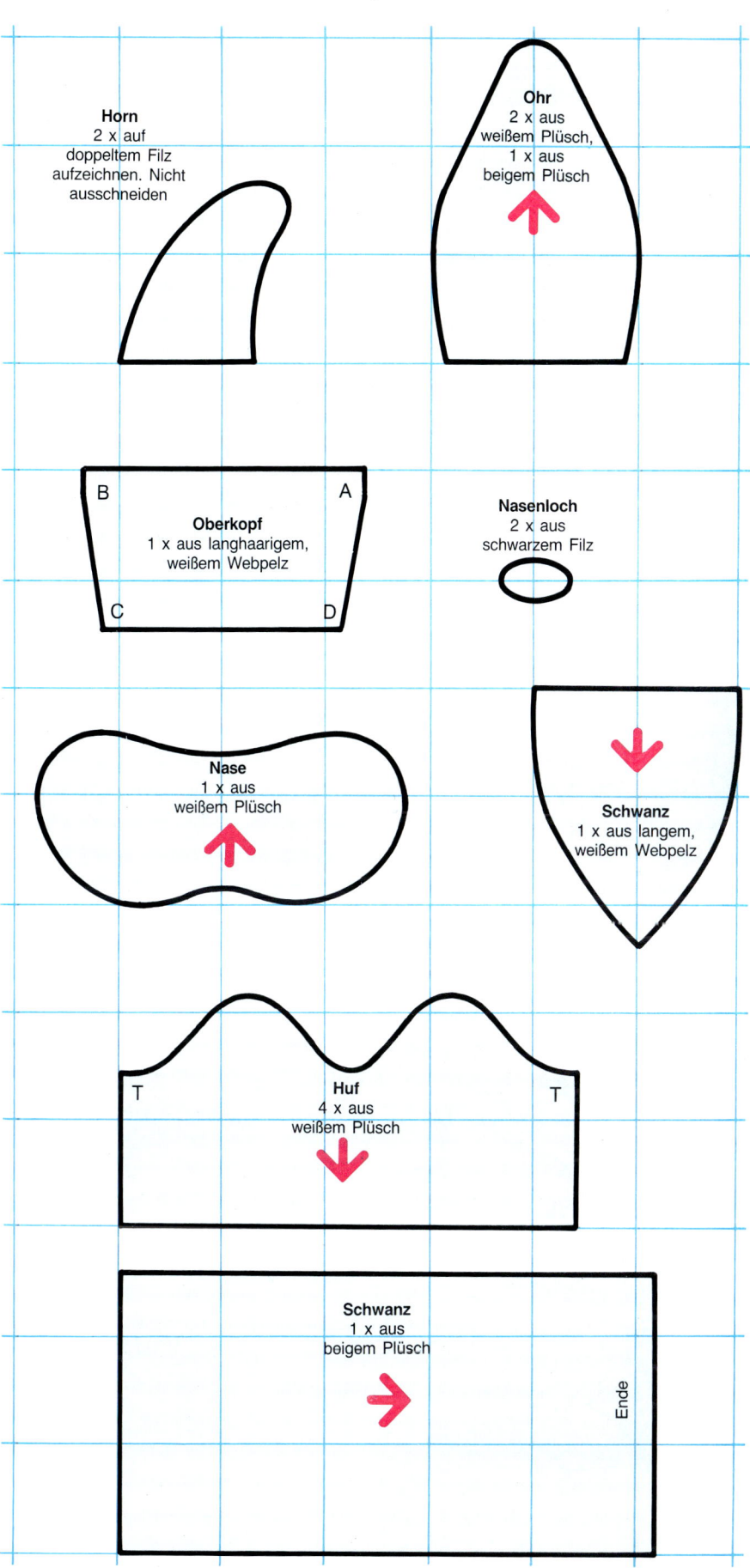

EDUARD, DER BÄR

MATERIAL

*25 cm goldbrauner Plüsch
Ein Stück dunkelbrauner Filz
1 Paar braune Augen (13,5 mm)
   mit Sicherheitsverschlüssen
Dickes, schwarzes Stickgarn
Band
Füllmaterial*

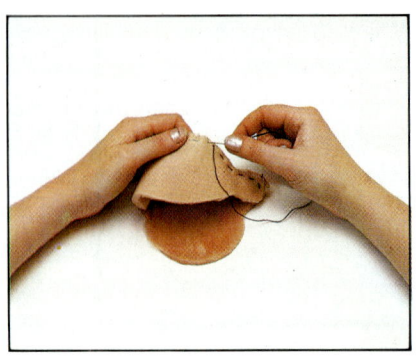

Die beiden Kopfhälften von G bis H zusammennähen. Die Teile auseinanderklappen und den Kopfeinsatz anfügen. Auf beiden Seiten von Punkt G zu Punkt J nähen.

EDUARD, DER BÄR

An den markierten Stellen kleine Löcher für die Augen einschneiden und den Kopf umdrehen. Die Augen einsetzen und auf der Rückseite mit Verschlüssen befestigen. Den Kopf, an der Nase beginnend, ausstopfen. Wenn er gut gerundet ist, die offene Kante mit geraden Stichen einfassen, den Faden zusammenziehen und vernähen.

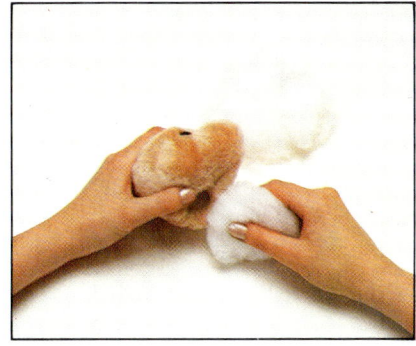

Die Ohren paarweise zusammennähen und die gerade Kante offenlassen. Die Ohren wenden und flach auf den Kopf des Bären legen. Die hintere Kante überwendlich annähen, die vordere mit Leiterstichen, so daß die Ohren hochstehen.

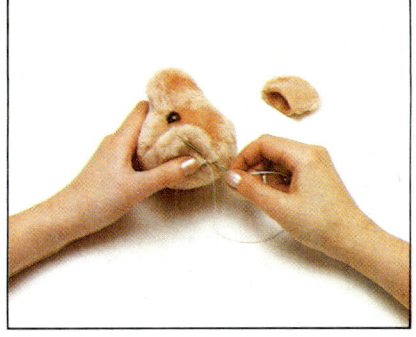

Aus schwarzem Garn die Bärennase mit geraden Stichen aufsticken. Mit dem gleichen Garn den Mund sticken. Den Kopf beiseite legen.

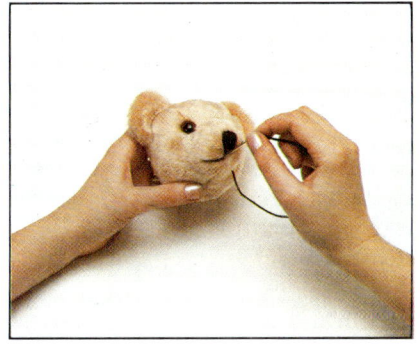

Körper: Die beiden Rumpfhälften mit angeschnittenem Bein an den Einsatz für den Körper nähen. Die rechten Seiten aufeinanderlegen. Auf beiden Seiten die Punkte A und B verbinden.

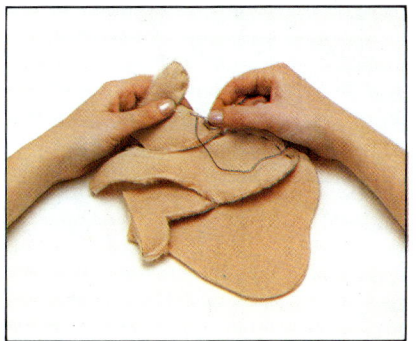

Dann die Teile von C bis D zusammennähen. Dieses auf beiden Seiten tun. Dann die Naht E bis F schließen und zuletzt die Naht C bis F zunähen. Eine Öffnung zum Füllen und Wenden lassen.

Die offenen Kanten der Füße auseinanderspreizen und die Pfoten auf die Öffnung legen. Die Kanten mit geraden Stichen zusammennähen. Achten Sie darauf, daß die schmalere Seite zur Ferse kommt.

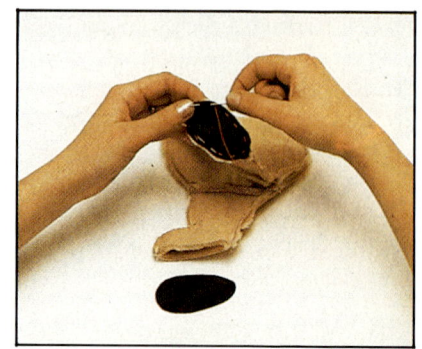

Den Körper wenden und ausstopfen. An den Zehenspitzen beginnen. Wenn der Körper schön gerundet ist, die Öffnung mit Leiterstichen verschließen. Dann den Kopf, ebenfalls mit Leiterstichen, an den Rumpf nähen. Mehrmals herum nähen und den Faden dann sorgfältig vernähen.

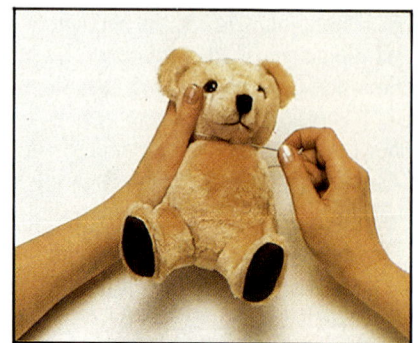

Arme: Die Arme paarweise rechts auf rechts zusammennähen. In die Innenseite der Oberarme einen kleinen Schlitz schneiden. Die Arme durch diese Schlitze nach rechts wenden. Die Arme ausstopfen - nicht zu fest - und die Schlitze zunähen. Dann mit Leiterstichen fest am Körper annähen. Ein Band um den Hals des Bären schlingen und zu einer Schleife binden.

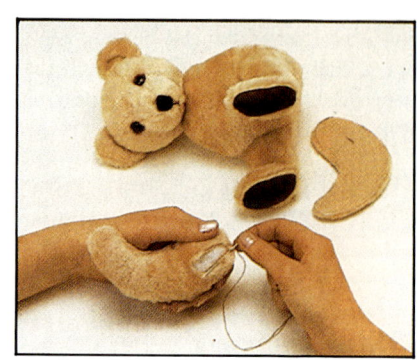

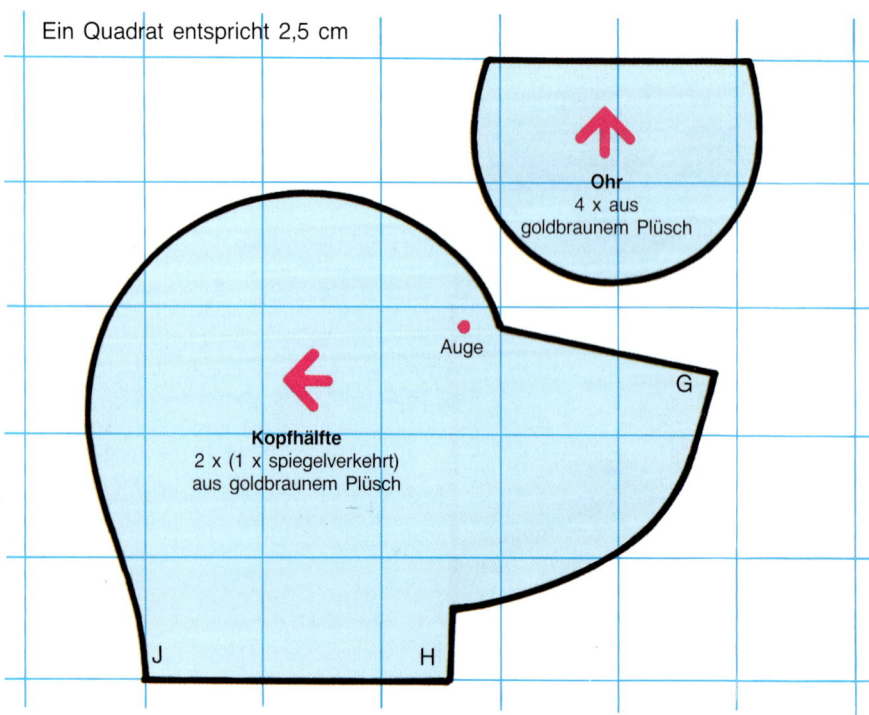

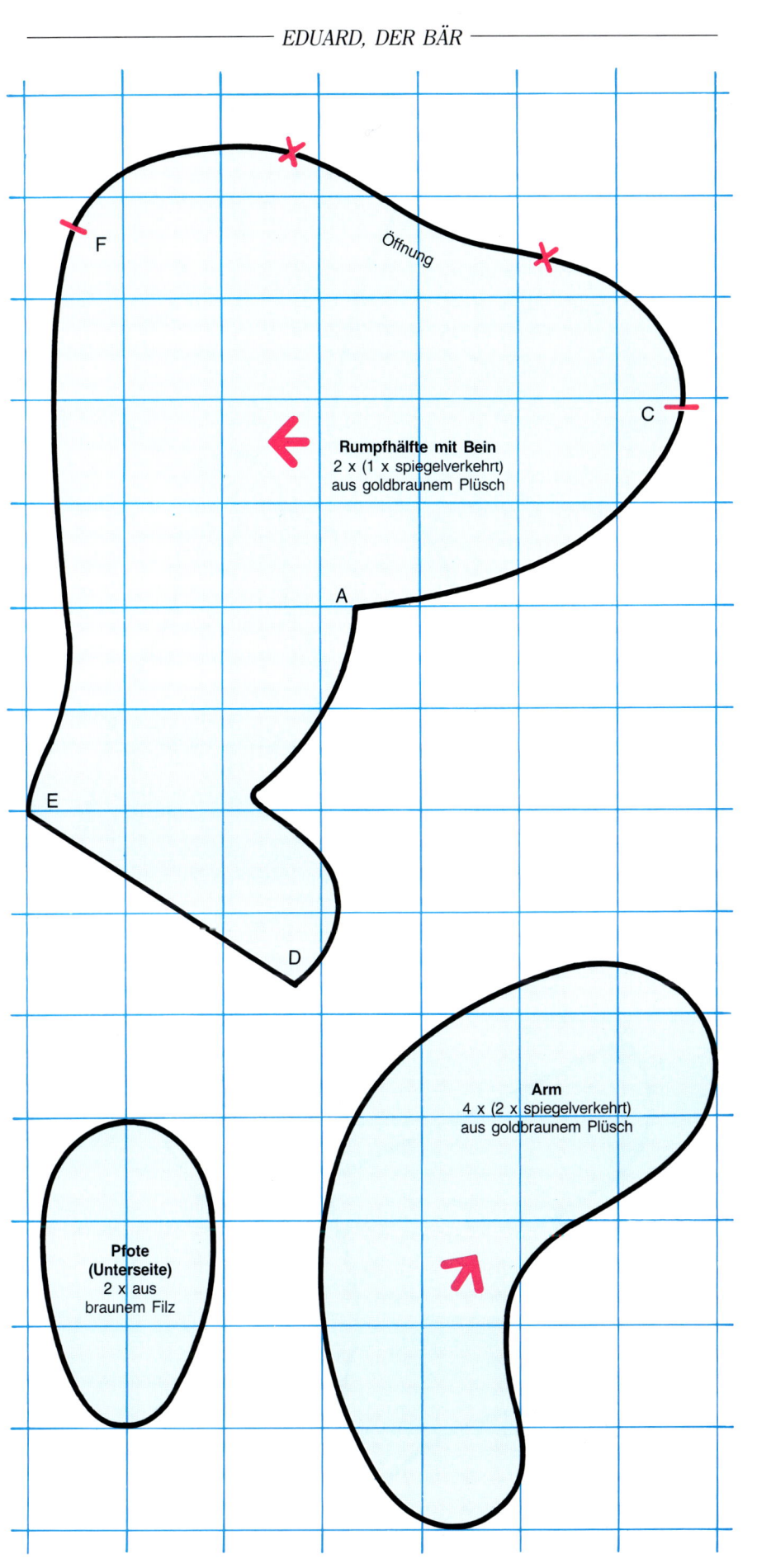

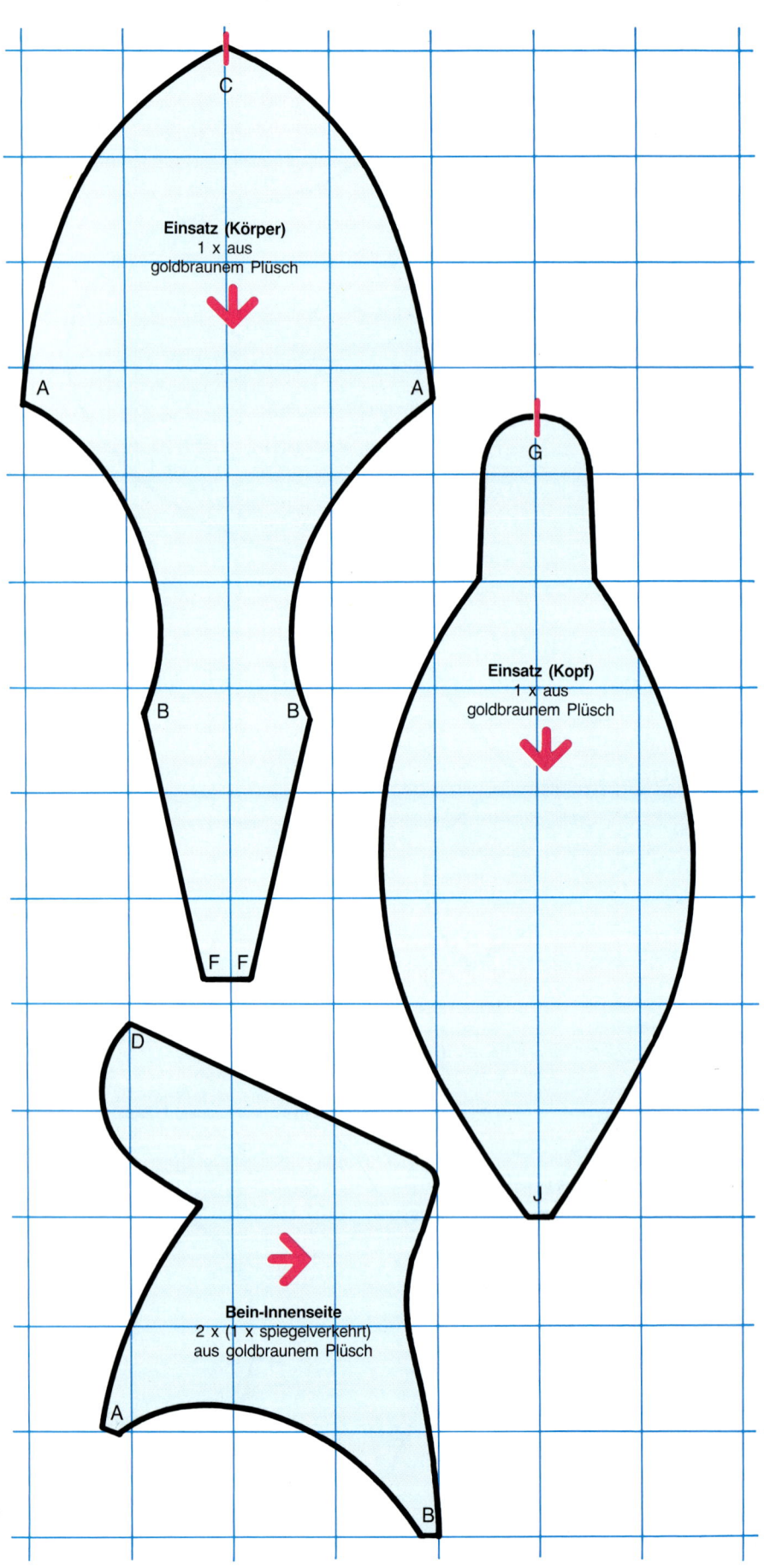

RACHEL, DIE STOFFPUPPE

MATERIAL

*Gestreifter Jerseystoff
Kleine Stücke rosa Trikotstoff
Schwarzer Filz für
  Schuhe und Augen
Blauer Jeansstoff für die Hose
65 cm gekräuselte Mohairwolle
  für die Haare
Rotes Band, Rotes Stickgarn
Gummiband, Füllmaterial*

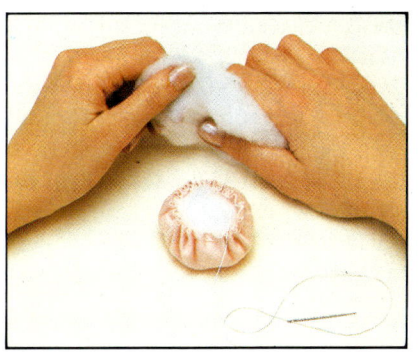

Den Stoff doppelt legen und den Kopf mit geraden Stichen umnähen. Den Faden etwas anziehen und den Kopf allmählich ausstopfen. Wenn er prall genug ist, den Faden ganz zusammenziehen und die Öffnung überwendlich zunähen.

RACHEL, DIE STOFFPUPPE

Mit rotem Garn zwei Stiche in V-Form als Mund aufsticken. Zwei kleine Kreise aus schwarzem Filz ausschneiden und an den angegebenen Punkten als Augen aufnähen. Die Stiche sollten möglichst klein sein.

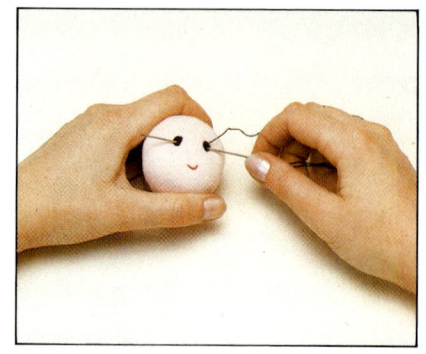

Die beiden Körperhälften aneinandernähen. Die untere gerade Kante offenlassen. Den Körper wenden und mit dem Füllmaterial ausstopfen. Die Öffnung zunähen. Den Rumpf beiseite legen.

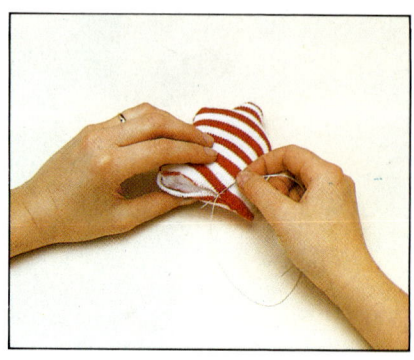

Die kurze Kante der Beine jeweils mit der oberen Kante des Schuhs verbinden. Das Bein der Länge nach zusammenklappen und von der oberen Kante bis zur Schuhspitze zunähen. Die untere Kante offenlassen und auseinanderspreizen. Die Schuhsohle einnähen.

Die Beine wenden und ausstopfen. Sie sollen ziemlich fest sein. Die obere offene Kante etwas nach innen klappen und die Öffnung mit Leiterstichen schließen. Die Beine mit starkem Faden überwendlich an den Körper nähen.

Die Ärmelteile der Länge nach zusammenfalten und von der Unterkante nach oben nähen. Die Ecken etwas abrunden. Einen schmalen Saum nach oben klappen und die Ärmel beiseite legen. Die Armteile der Länge nach zusammenklappen und bis auf die gerade Kante zunähen. Die Arme wenden und nicht zu fest ausstopfen.

RACHEL, DIE STOFFPUPPE

Den Arm so an den Ärmel (linke Seite) legen, daß die geraden Kanten aufeinanderliegen. Durch alle Stofflagen überwendlich zusammennähen und den Ärmel über den Arm ziehen. Die fertigen Arme rechts und links am Körper in Schulterhöhe annähen. Den Kopf in die richtige Position bringen und dann mit Leiterstichen festnähen.

Die beiden Wollstränge (etwa 32 cm) nehmen. Einen Strang oben auf den Kopf der Puppe legen und mit Rückstichen befestigen. Den zweiten Strang über den Hinterkopf legen und annähen. Die »Haare« an den Kopfseiten in die gewünschte Lage bringen und am Hals annähen. Dann flechten und die Zöpfe mit Bändern festhalten.

Für die Hose beide Teile rechts aufeinanderlegen und die Naht A-B auf nur einer Seite schließen. Die Teile aufklappen, so daß die linke Seite oben liegt, und an jeder Fußöffnung einen doppelten Saum umschlagen. Die obere Kante ebenfalls zweimal umschlagen und festnähen. Durch diesen Schlauch einen Hosengummi ziehen und auf beiden Seiten herausschauen lassen.

Den Gummi an einer Seite festnähen. Das freie Ende nehmen und den Bund der Hose auf die gewünschte Größe zusammenziehen. Den Gummi mit ein paar Stichen sichern. Die Hose wieder zusammenklappen und die Naht A-B schließen. Nun die Hose so drehen, daß die beiden A-B-Nähte aufeinanderliegen. Die Kanten C-B-C schließen und die Hose wenden.

Die Träger der Länge nach falten. Die Kanten nach innen schieben und die Träger an diesen langen Kanten zunähen. Die Träger jeweils vorn und hinten an der Hose annähen. Die Hose auf die Puppe ziehen und die Hosenbeine zweimal umschlagen.

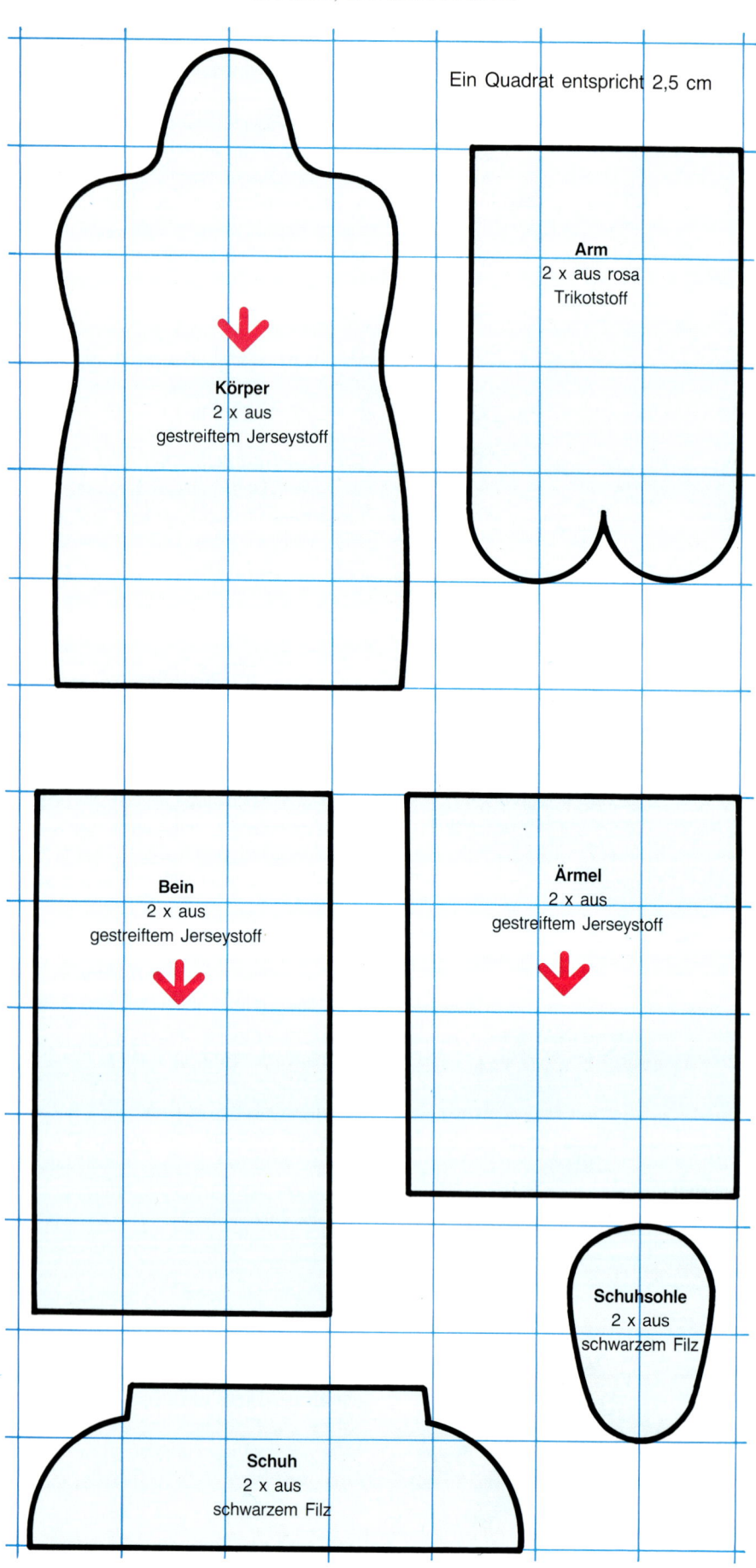

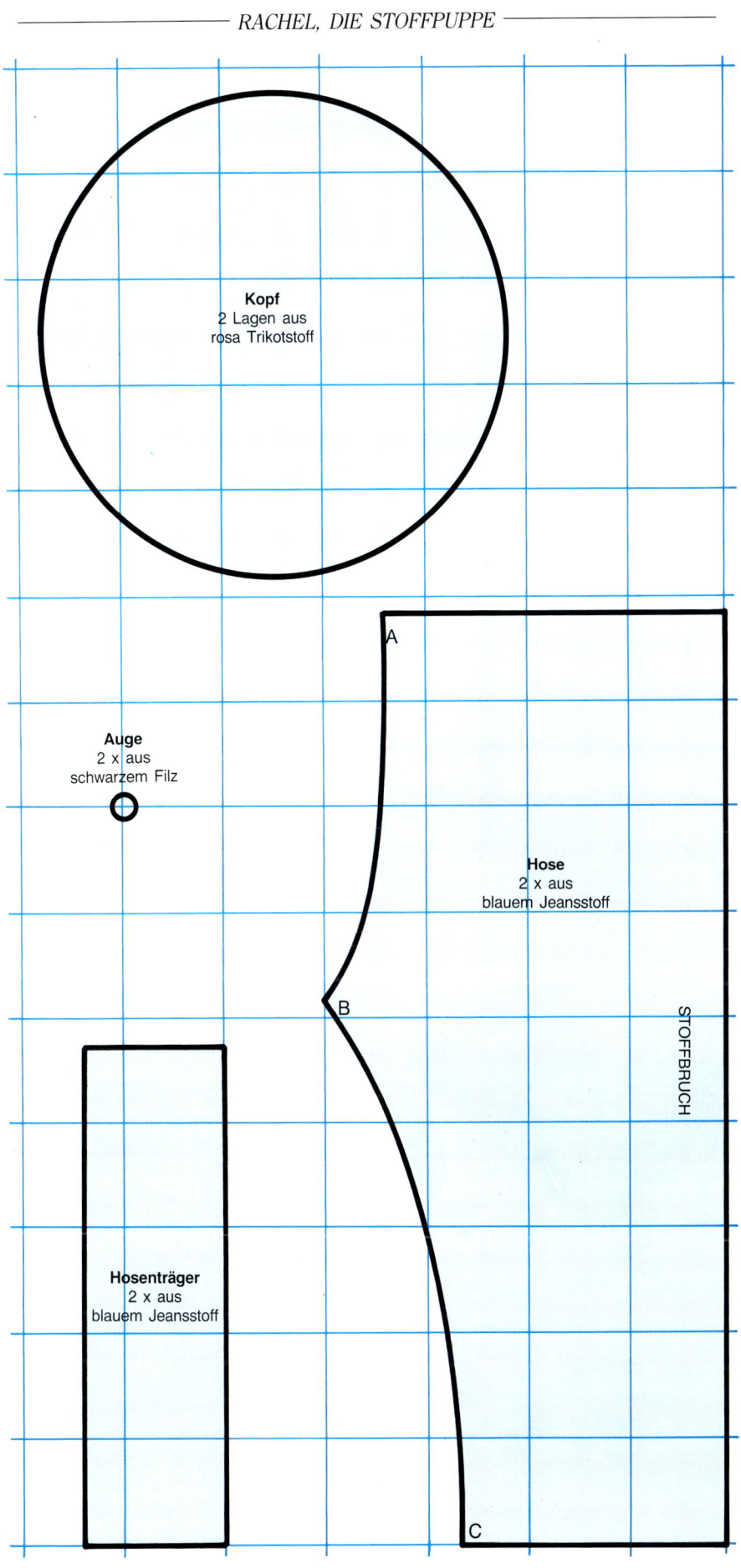

PARZIVAL, DER PINGUIN

MATERIAL

Schwarzer Plüsch
Weißer Plüsch
Etwas oranger Filz
Etwas weißer Baumwollstoff
Etwas Stoff für die Schleife
1 Paar schwarze Augen (13 mm) mit Sicherheitsverschlüssen
15 cm Gummiband
Füllmaterial

Die Flügel auf den Baumwollstoff nähen und die geraden Kanten offenlassen. Die Flügel auf rechts wenden, der Länge nach falten, so daß der weiße Stoff innen ist, und die offene Kante überwendlich festnähen. Die Füße zweimal auf einer doppelten Filzlage aufzeichnen. An den Linien entlangnähen und die gerade Kante offenlassen. Die Füße dicht an der Naht ausschneiden und mit etwas Füllmaterial polstern.

PARZIVAL, DER PINGUIN

Die vorderen und die seitlichen Kopfteile rechts aufeinanderlegen und an der Linie A-B zusammenfügen. Beide Seiten nähen. Die beiden Vorderseiten an der Linie C-D zusammennähen. Den Kopf auf den Vorderkörper legen und die Linie E-D-E schließen. Die mittlere Kopfnaht muß auf Punkt D treffen.

Die Füße und die Flügel an den markierten Stellen an den Vorderkörper nähen.

Die Linie F-G an der Rückseite des Körpers (bis auf eine kleine Öffnung zum Wenden) zunähen. Das Teil auseinanderklappen und an den Hinterkopf nähen (H, F und H).

Das Vorder- und das Rückenteil rechts aufeinanderlegen und zusammennähen. Die untere Kante offenlassen. Die Flügel mit in diese Naht einnähen (siehe Muster). Den »Boden« in die offene Kante nähen (die vordere Mitte und G treffen jeweils zusammen) und dabei die Füße mit einnähen.

Kleine Löcher für die Augen einstechen und den Pinguin wenden (den Schwanz herausziehen). Die Augen einsetzen und mit den Verschlüssen befestigen. Den Pinguin ausstopfen. Achten Sie darauf, daß die Unterseite flach ist, sonst kann der Pinguin nicht stehen. Die Rückenöffnung mit Leiterstichen schließen.

PARZIVAL, DER PINGUIN

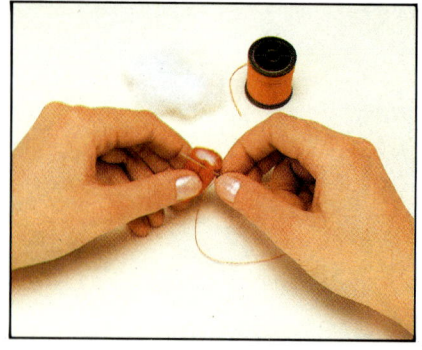

Den Schnabel zusammennähen. Die gerade Kante offenlassen. Den Schnabel wenden und mit Füllmaterial polstern. Mit geraden Stichen entlang der offenen Kante nähen und den Faden zusammenziehen. Den Schnabel mit Leiterstichen fest am Kopf annähen.

Schleife: Einen 14 x 4 cm großen Streifen ausschneiden. Die langen Kanten zuerst 12 mm umknicken, dann die kurzen Kanten zur Mitte hin klappen, bis die Enden sich etwas überlappen. Die Schleife in der Mitte so zusammennähen, daß sie etwas gefaltet aussieht. Ein Stück Gummiband an die Schleife nähen. Ein 4 cm großes Quadrat aus dem Schleifenstoff schneiden, die Kanten umklappen und den Stoff um die Mitte der Schleife legen. Hinten zunähen.

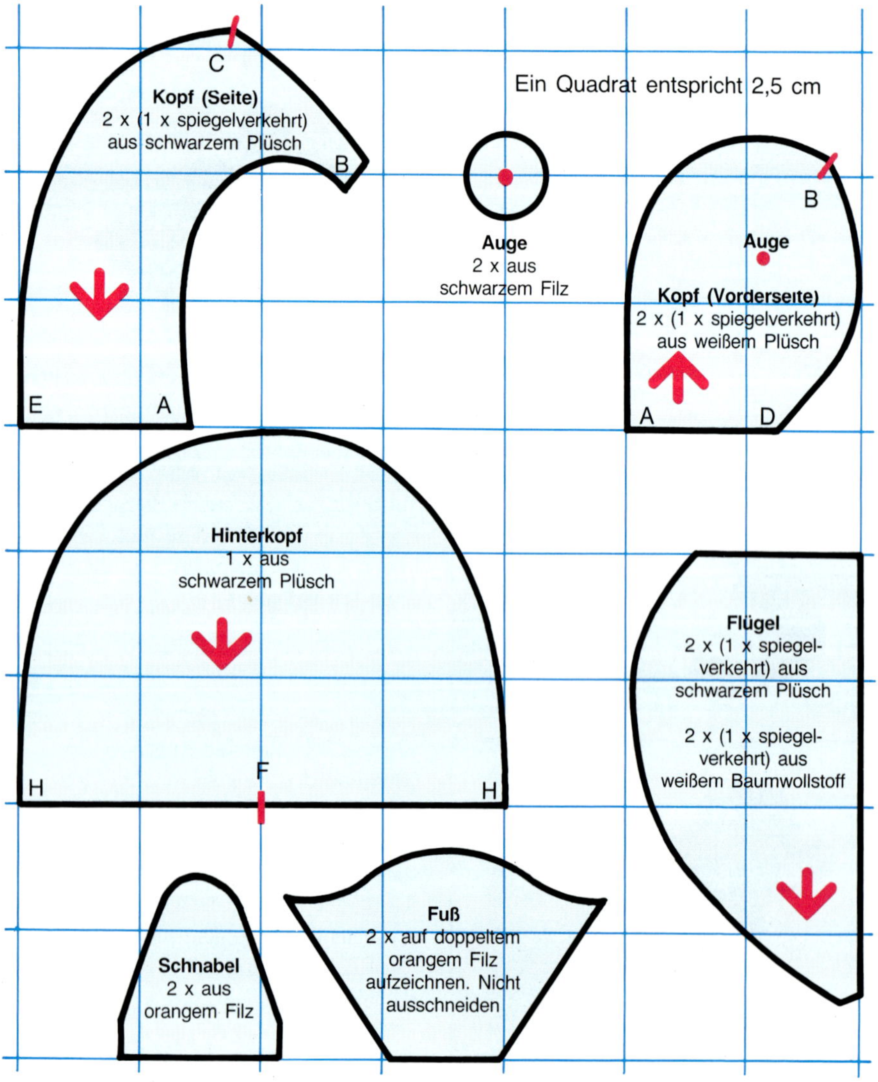

Kopf (Seite)
2 x (1 x spiegelverkehrt)
aus schwarzem Plüsch

Auge
2 x aus schwarzem Filz

Kopf (Vorderseite)
2 x (1 x spiegelverkehrt)
aus weißem Plüsch

Ein Quadrat entspricht 2,5 cm

Hinterkopf
1 x aus schwarzem Plüsch

Flügel
2 x (1 x spiegelverkehrt) aus schwarzem Plüsch
2 x (1 x spiegelverkehrt) aus weißem Baumwollstoff

Schnabel
2 x aus orangem Filz

Fuß
2 x auf doppeltem orangem Filz aufzeichnen. Nicht ausschneiden

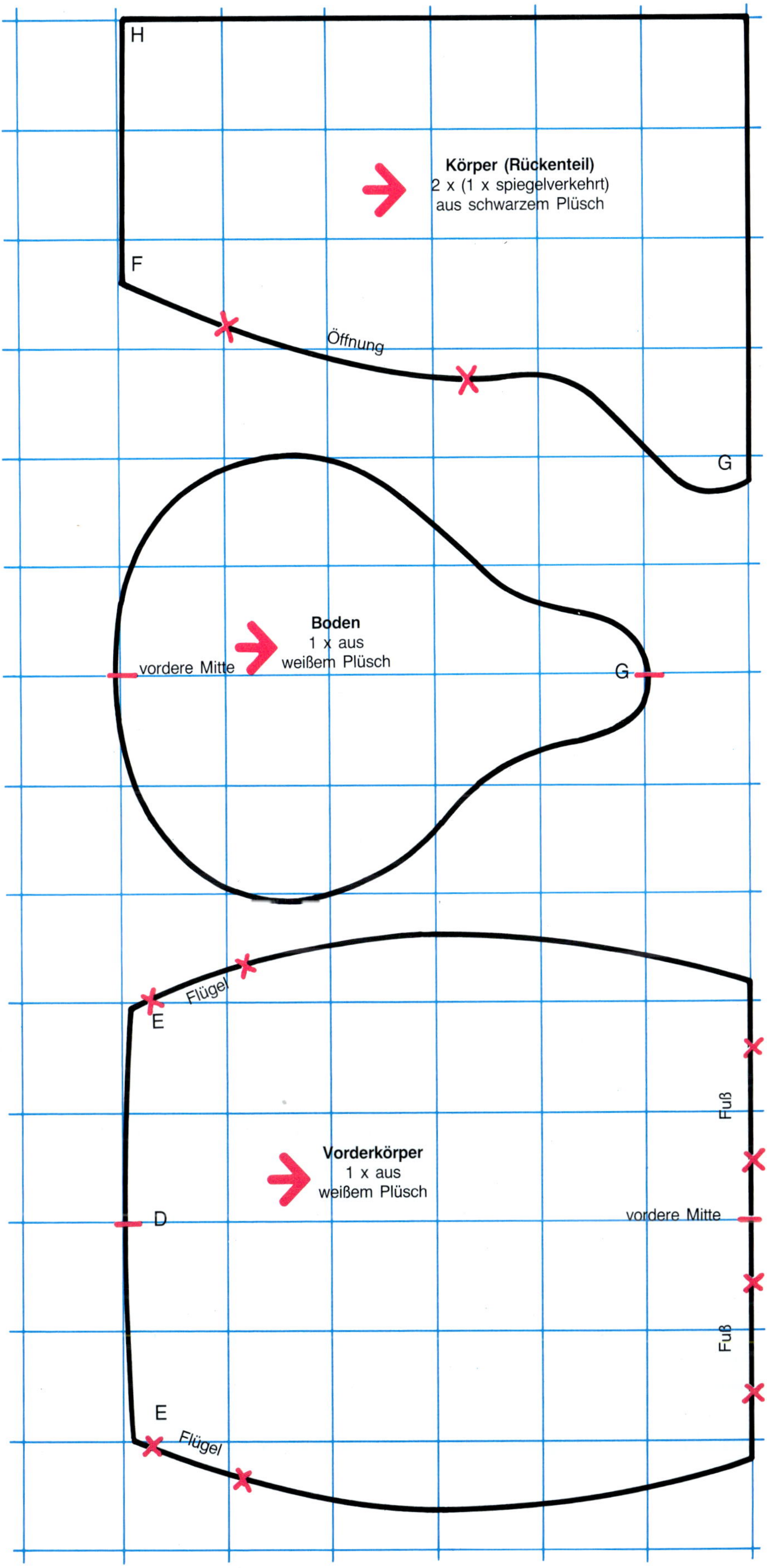

PARZIVAL, DER PINGUIN

Körper (Rückenteil)
2 x (1 x spiegelverkehrt)
aus schwarzem Plüsch

Öffnung

Boden
1 x aus
weißem Plüsch

vordere Mitte

Flügel

Vorderkörper
1 x aus
weißem Plüsch

Fuß

vordere Mitte

Fuß

Flügel

SCHNEEWEISSE SCHWÄNE

MATERIAL

Langfaseriger, weißer, glänzender Plüsch
Etwas schwarzer Filz
Ein großes Quadrat weißer Filz
Etwas oranger Filz
1 Paar schwarze Augen (13,5 mm) mit Sicherheitsverschlüssen
Füllmaterial

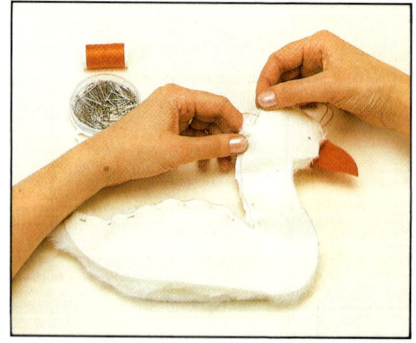

Je einen Plüsch- und einen Filzflügel rechts auf rechts legen und zusammennähen. Eine kleine Öffnung zum Wenden lassen. Die Flügel wenden und die Rundungen sorgfältig herausziehen. Die Öffnung mit ein paar Leiterstichen schließen. Nach der Musterangabe Linien auf die Flügel sticken, so daß der Eindruck von Federn entsteht.

Den Schnabel an beide Körperhälften nähen (A-D). Die beiden Hälften rechts auf rechts legen und von A bis B zusammennähen. Hinten am Hals eine kleine Öffnung in der Naht lassen. Linie D-C vorn am Hals schließen.

SCHNEEWEISSE SCHWÄNE

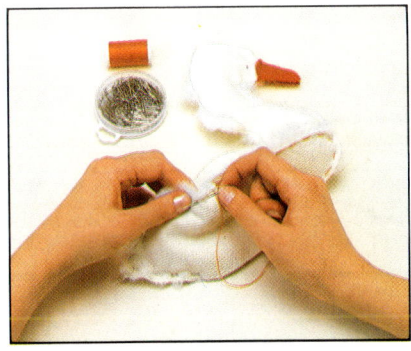

Den Körper auseinanderklappen und den oberen Teil an den »Boden« annähen. Die Punkte C und B müssen zusammenkommen. Auf einer Seite eine Öffnung lassen. Mit orangem Faden um den Schnabel nähen – von oben nach unten.

Kleine Löcher für die Augen an den markierten Punkten in den Plüsch schneiden. Den Schwanz durch die Öffnung an der Unterseite wenden. Die Augen einsetzen und mit den Verschlüssen befestigen.

SCHNEEWEISSE SCHWÄNE

Den Schwan von der Schnabelspitze her ausstopfen. Sobald Schnabel und Kopf fertig sind, die Öffnung am Hals schließen. Jetzt den restlichen Körper füllen und die Öffnung zunähen. Die Flügel an den Körperseiten überwendlich festnähen. (Ein kleines Dreieck am Flügelansatz nähen.)

Die schwarzen Wülste an der gerundeten Kante zusammennähen, wenden, und dieses Stück mit etwas Füllmaterial polstern. Den Wulst um den Schnabelansatz legen und die flachen Enden unter dem Schnabel zusammennähen. Das gepolsterte Stück mit ein paar kleinen Stichen unauffällig am Kopf festnähen.

Mit schwarzem Faden an beiden Schnabelseiten eine Linie aufnähen. Man kann diese auch mit schwarzem, wasserfestem Filzstift aufzeichnen. Nasenlöcher aufsticken oder -zeichnen.

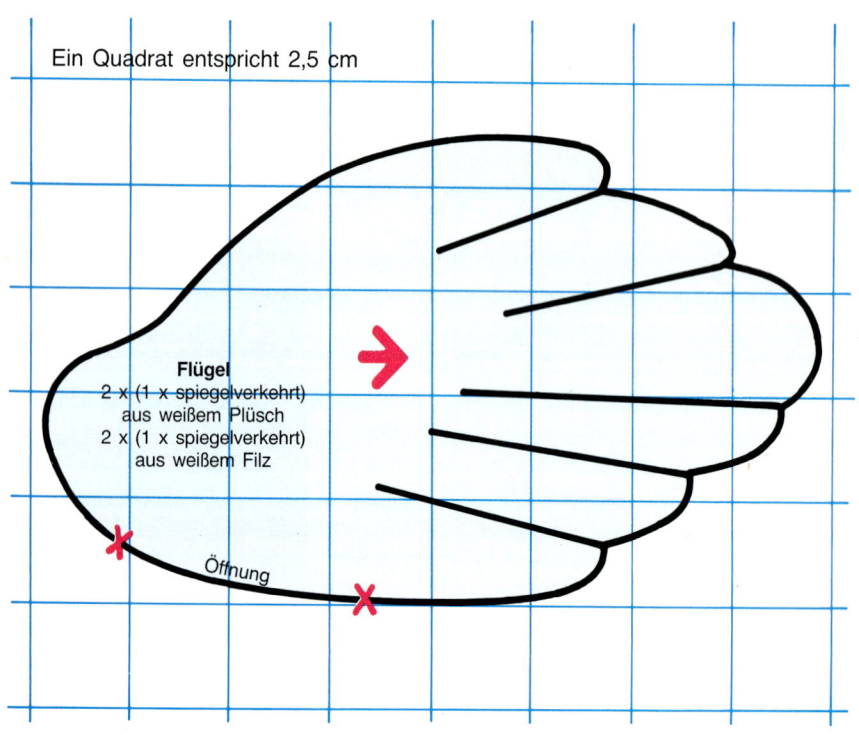

Ein Quadrat entspricht 2,5 cm

Flügel
2 x (1 x spiegelverkehrt)
aus weißem Plüsch
2 x (1 x spiegelverkehrt)
aus weißem Filz

Öffnung

SCHNEEWEISSE SCHWÄNE

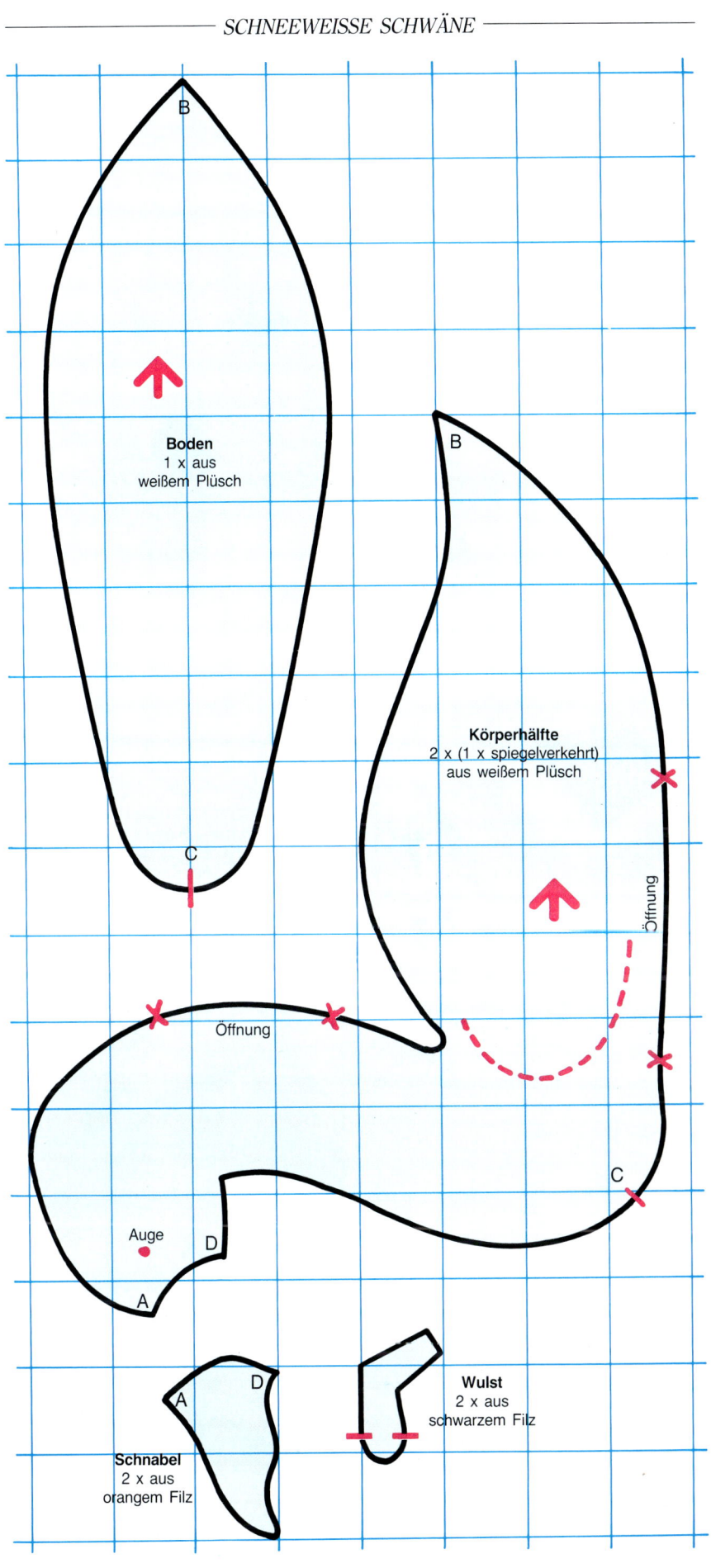

— 65 —

PETER, DAS HÜNDCHEN

MATERIAL

*Ein Stück honigfarbener Plüsch
Ein Stück langhaariger,
   weißer Webpelz
Etwas schwarzer Filz
1 Paar braune Augen (13,5 mm)
   mit Sicherheitsverschlüssen
Füllmaterial*

Die beiden Seitenteile des Kopfes rechts auf rechts legen und die Naht A-B zunähen. Die Teile aufklappen und den Einsatz darannähen. Man beginnt auf einer Seite bei Punkt A, näht zu C und weiter zu D. Auf der anderen Seite wiederholen.

Kleine Augenlöcher an den markierten Stellen in den Plüsch schneiden und den Kopf wenden. Die Augen einsetzen und an der Rückseite mit den Verschlüssen befestigen. Den Kopf ausstopfen, den offenen Halsausschnitt mit geraden Stichen einfassen und den Faden ganz fest zusammenziehen. Gut vernähen.

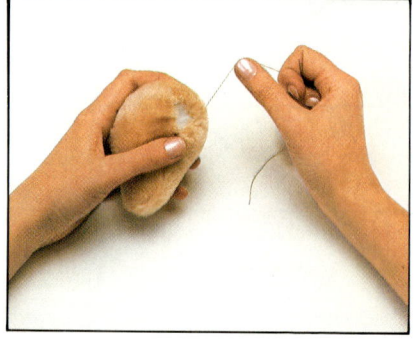

PETER, DAS HÜNDCHEN

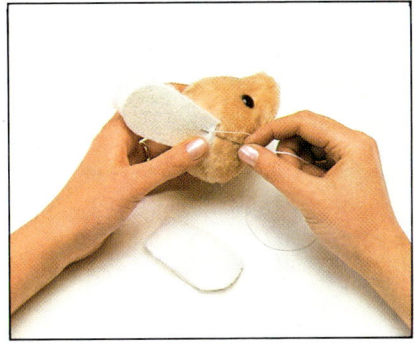

Die beiden Ohren sorgfältig aus dem weißen »Fell« ausschneiden und, wie hier zu sehen, an den Kopf legen. Zunächst überwendlich oben am Kopf festnähen, dann herunterklappen und mit ein paar Stichen in dieser Stellung festnähen.

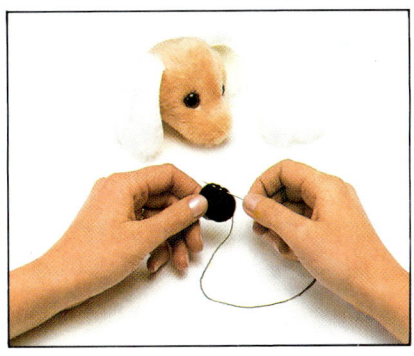

Die Nase mit geraden Stichen umnähen, etwas Füllmaterial in die Mitte geben und den Faden fest zusammenziehen. Die Öffnung zunähen und die Nase mit Leiterstichen an der Hundeschnauze festnähen.

Die Abnäher an den beiden Körperhälften schließen. Die Teile mit der rechten Seite aufeinanderlegen und die Naht E-F zunähen.

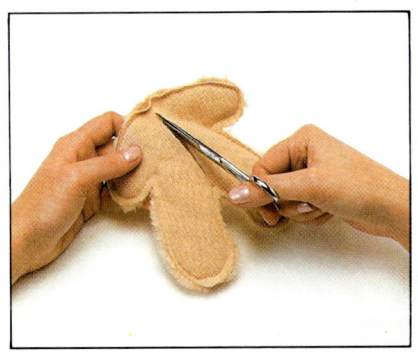

Die Teile aufklappen und die Unterseite des Hundekörpers darauflegen (rechts auf rechts). Die beiden Teile so zusammennähen, daß die Punkte E und F genau übereinstimmen. Einen Schlitz in die Unterseite schneiden. Den Rumpf wenden und ausstopfen.

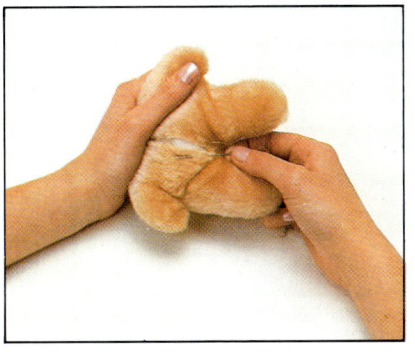

Die Öffnung mit Leiterstichen verschließen. Den Schwanz der Länge nach falten und zunähen, die gerade Kante offenlassen. Wenden und die offene Kante etwas nach innen klappen. Den Schwanz in rechtem Winkel zur Naht an das Hinterteil des Hündchens nähen (Leiterstiche). Den Kopf so auf den Körper setzen, daß er leicht zur Seite schaut, und mit Leiterstichen mehrmals am Körper fest annähen.

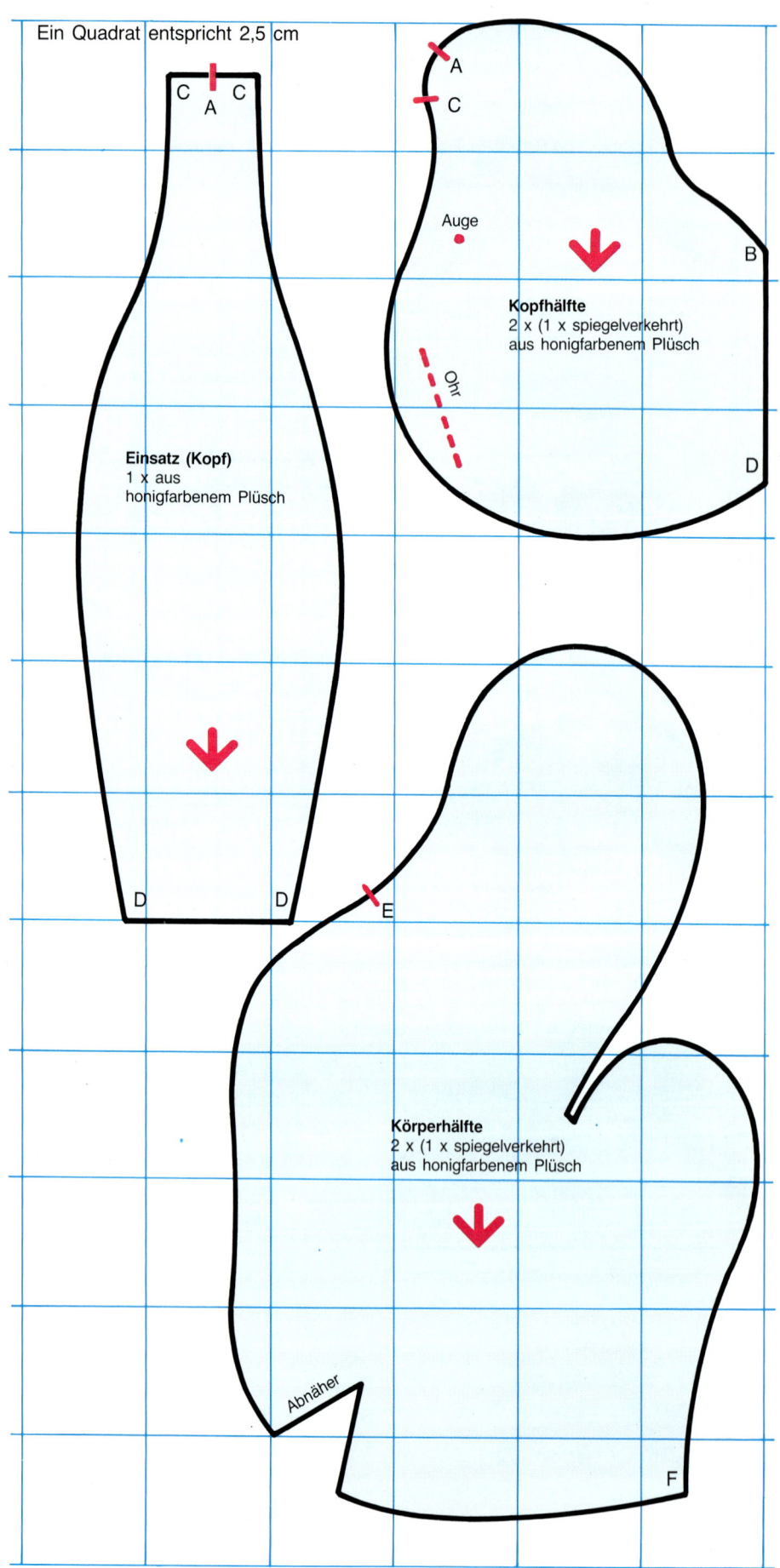

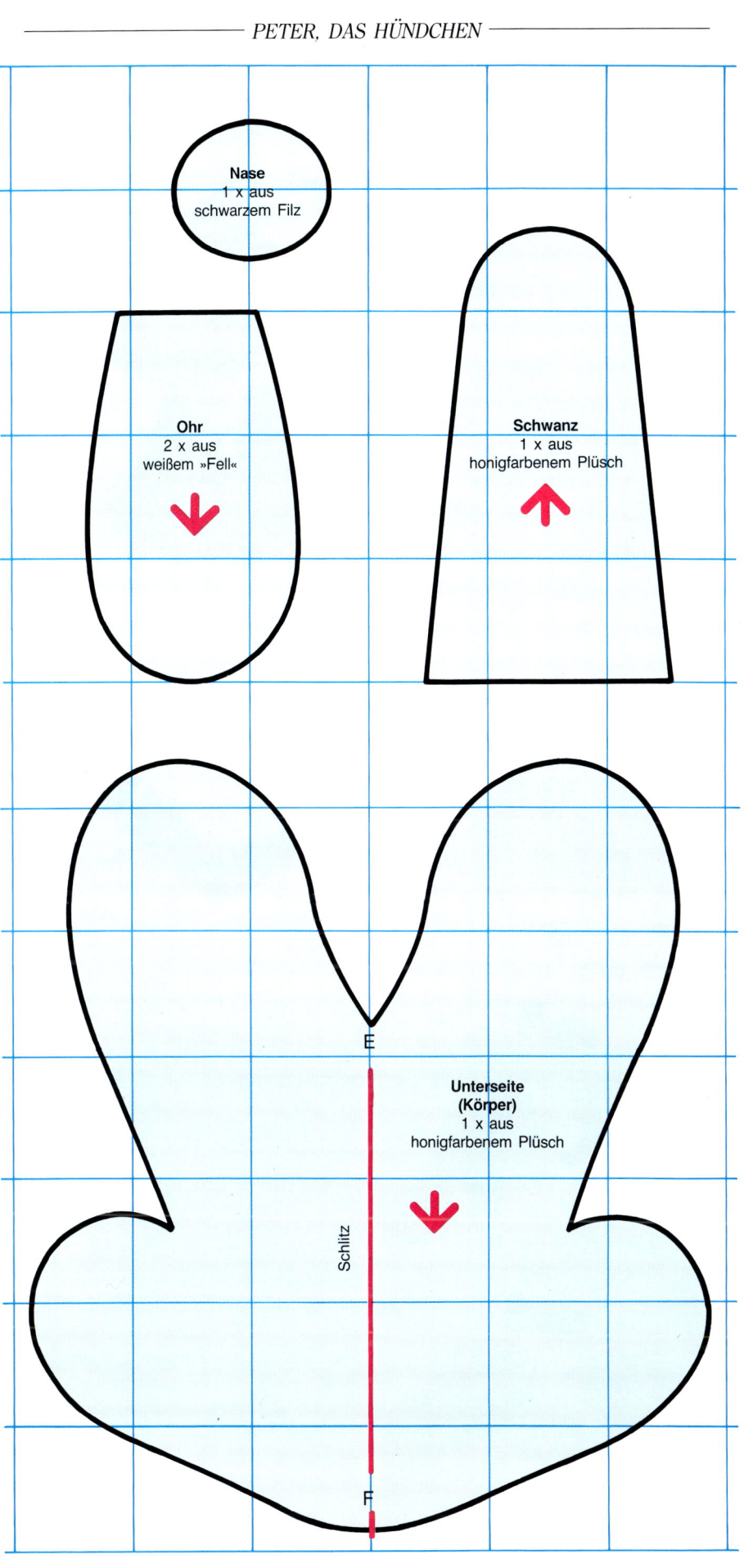

SCHMUSEKÄTZCHEN

MATERIAL

Ein Stück schwarzer oder
  weißer Plüsch
Etwas rosafarbener Filz
1 Paar grüne Augen (13,5 mm)
  mit Sicherheitsverschlüssen
Füllmaterial
Rosafarbenes Stickgarn

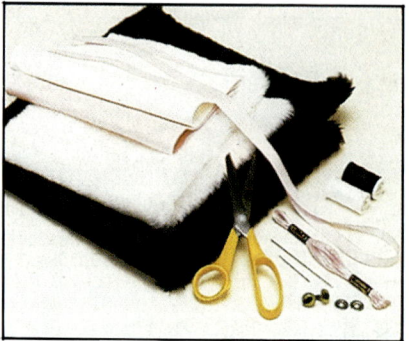

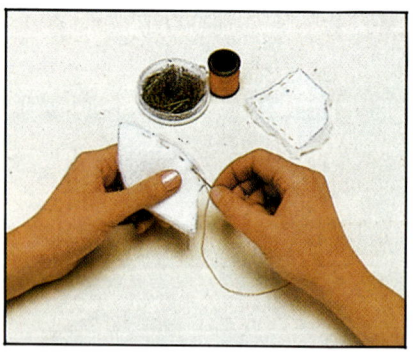

Die beiden Kopf-Seitenteile rechts auf rechts legen und zwischen den Punkten C und D zusammennähen. Dann die beiden hinteren Kopfteile von A bis B zusammennähen.

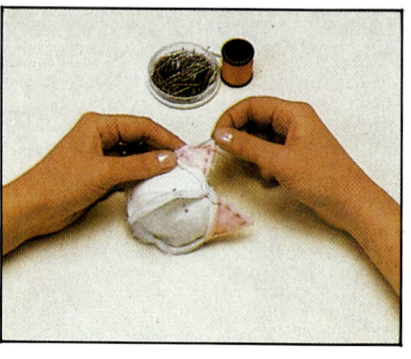

Kleine Löcher für die Augen an den markierten Punkten in den Stoff schneiden. Die inneren Ohrenhälften an den angegebenen Punkten E-F an den Kopf nähen. Vorderes und hinteres Kopfteil aneinanderlegen und den Kopf zunähen. Nur unten am Halsansatz eine kleine Öffnung zum Wenden und Ausstopfen lassen.

SCHMUSEKÄTZCHEN

Den Kopf wenden und die Spitzen der Ohren sorgfältig herausziehen. Die Ohren flachdrücken und unten am Ansatz durch alle Stofflagen eine Reihe gerader Stiche nähen. Die Augen einsetzen und auf der Rückseite mit den Verschlüssen befestigen.

Den Kopf ausstopfen und dabei in eine schöne, runde Form bringen. Das offene Ende mit einer Reihe gerader Stiche einfassen. Den Faden fest zusammenziehen und vernähen. Nach der Anleitung auf Seite 17 eine kleine rosa Nase aufsticken.

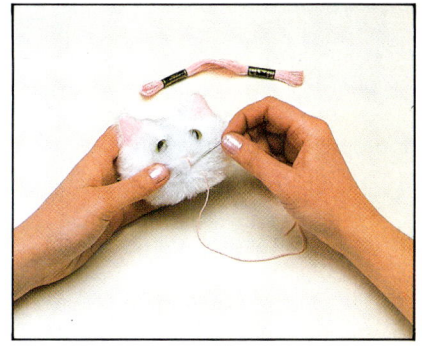

Die beiden Einsätze für den Körper an der Naht G-H zusammennähen. Eine Öffnung zum Wenden und Füllen lassen. Diesen Einsatz an den Linien G-K, H-J und L-M mit einem Seitenteil des Körpers zusammennähen. Das gleiche mit dem zweiten Teil wiederholen.

Den Schwanz der Länge nach falten (rechts auf rechts) und die lange Kante zunähen. Den Schwanz wenden und etwas dehnen. Dadurch bekommt er eine bessere Form. Den Rücken des Kätzchens (Punkte G bis H) zunähen und dabei den Schwanz an der markierten Stelle einfügen.

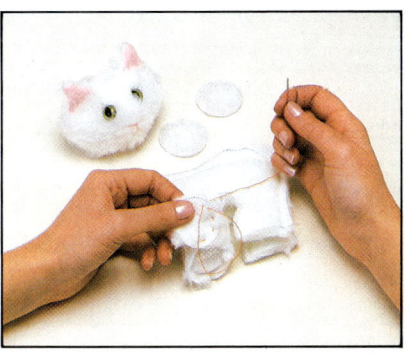

Die Pfoten unten an die Beine nähen. Den Rumpf wenden und nach und nach ausstopfen. Die Öffnung mit Leiterstichen verschließen. Den Kopf fest am Rumpf annähen. Dabei mit Leiterstichen mehrmals herum nähen.

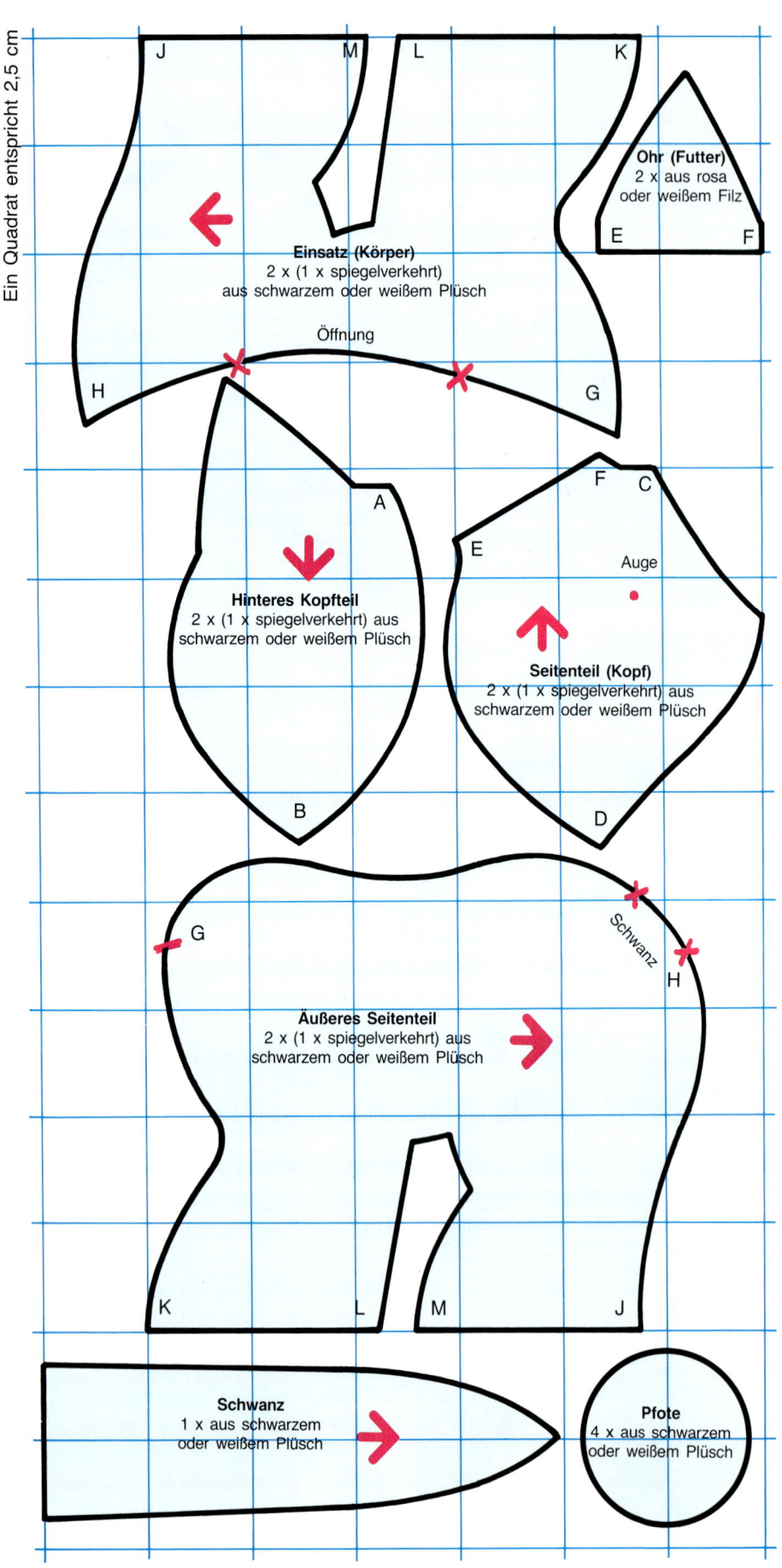

OSTERHASE

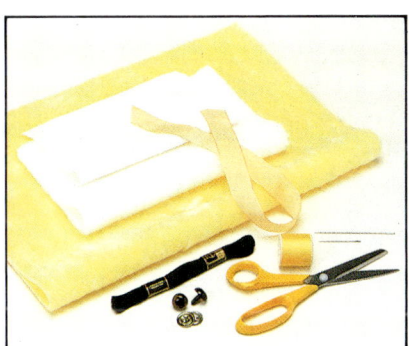

MATERIAL

Ein Stück zitronengelber Plüsch
Etwas weißer Baumwollstoff
  für die Ohren
Etwas weißer Plüsch für den Schwanz
1 Paar braune Augen (13,5 mm)
  mit Sicherheitsverschlüssen
Schwarzes Stickgarn
Schmuckband
Füllmaterial

Die beiden Plüschohren und den weißen Stoff zusammennähen und die gerade Kante offenlassen. Die Ohren wenden. In beide Kopfteile Schlitze für die Ohren und kleine Löcher für die Augen schneiden. Die Ohren der Länge nach zuklappen, so daß der weiße Stoff innen ist. In die Schlitze schieben (die weiße Seite weist nach vorn) und von links durch alle Stofflagen hindurch annähen.

OSTERHASE

Die beiden Kopfhälften von Punkt A bis Punkt B zusammennähen. Die gerade Kante offenlassen. Den Kopf wenden und die Augen einsetzen. Mit den Verschlüssen auf der Rückseite befestigen. Den Kopf langsam ausstopfen und in der Mitte ein Loch bis oben durchdrücken. (Das kann man mit einem dicken Stift tun.)

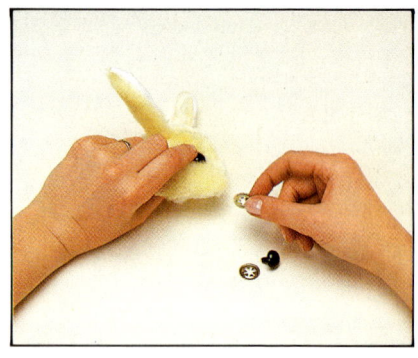

Die beiden Körperhälften rechts auf rechts aufeinanderlegen und bis auf die gerade untere Kante zusammennähen. Die Kante etwa 1 cm breit nach innen klappen und diesen Saum festnähen. Den Körper wenden.

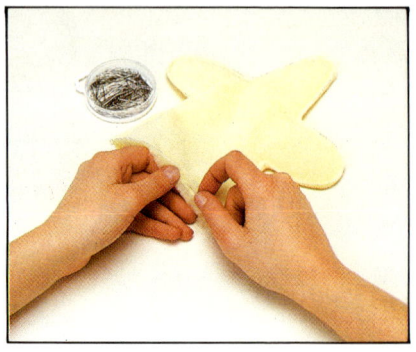

Den runden Schwanz mit geraden Stichen einfassen und den Faden fest zusammenziehen. Mit Leiterstichen fest auf die markierte Stelle nähen.

Den Körper auf die Hand ziehen. Den Zeigefinger ausstrecken und den Kopf so weit wie möglich daraufstecken. Kopf und Körper mit Leiterstichen fest zusammennähen. Die offene Kante am Kopf dabei nach innen einnähen.

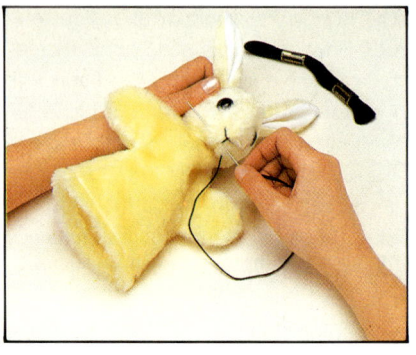

Nach der Anleitung auf Seite 17 eine kleine Nase aus schwarzem Garn auf die Handpuppe sticken. Die Ohren mit ein paar Stichen so am Kopf annähen, daß sie aufrecht stehen bleiben. Ein leuchtendes Band um den Hals des Hasen schlingen und zu einer Schleife binden. Den Körper kann man mit Ostereiern oder Süßigkeiten füllen. Dann hat man ein nettes Ostergeschenk, nicht nur für Kinder.

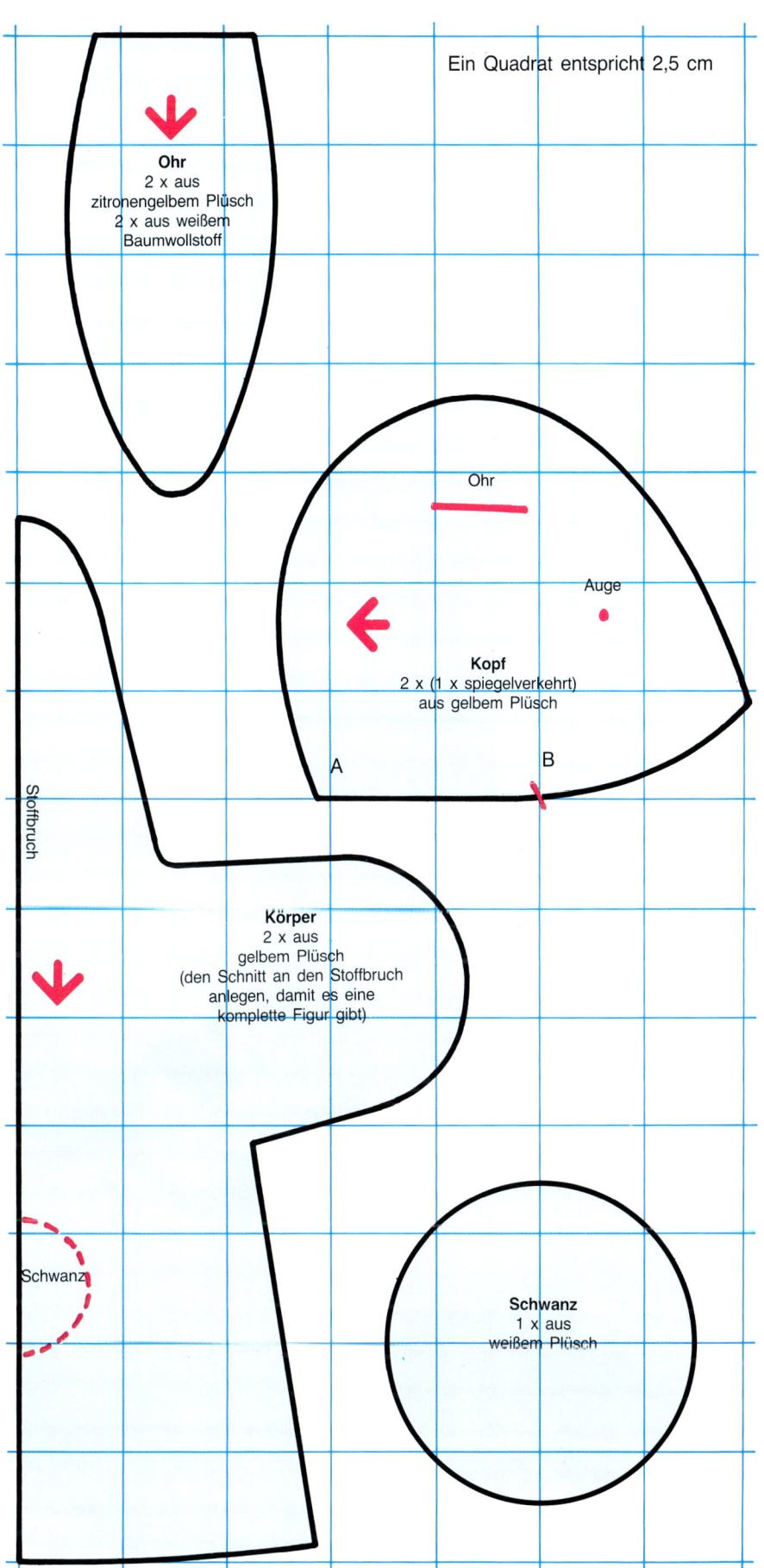

CLEO, DER CLOWN

MATERIAL
*Roter Samt oder Filz
Ein quadratisches, weißes Filzstück
Selbstklebender, schwarzer Filz
Rosafarbener Trikotstoff
1 Knäuel Wolle für die Haare
1 m Schmuckband, 2 cm breit
Ein Stück rotes Schmuckband
2 kleine Pompons
Rotes und weißes Stickgarn
Füllmaterial*

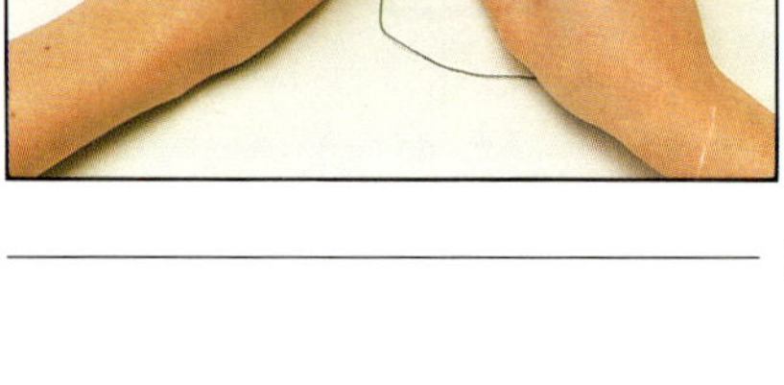

Beide Rückenhälften der Handpuppe rechts auf rechts aufeinanderlegen, von Punkt A nach B zusammennähen. Die Teile aufklappen und an das Vorderteil (C-A-C) nähen. Die beiden Hälften auseinanderfalten. Ein Stück Band zu einer Krause zusammenziehen, an die gerade Kante D-C-D heften. Die Hände je mit der geraden Kante entlang dieser Linie auflegen, durch alle Stofflagen hindurch festnähen.

CLEO, DER CLOWN

Vorder- und Rückenteil des Körpers mit den rechten Seiten aufeinanderlegen. Die Seitennähte von der Biegung der Hand bis zu Punkt E schließen. Den farblich passenden Faden für jeden Abschnitt verwenden. Einen schmalen Saum an der unteren Kante umnähen und den Puppenkörper beiseite legen.

Die Kopfform auf vier Lagen Trikotstoff vorzeichnen und umnähen. Die Form ausschneiden und den Kopf so wenden, daß rechts und links des mittleren Lochs jeweils zwei Stofflagen sind. Die beiden äußeren Hohlräume ausstopfen, den mittleren frei lassen. Die beiden Öffnungen zunähen, damit die Füllung nicht verrutscht. Die Mitte bleibt offen.

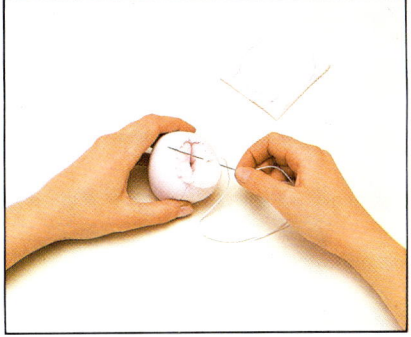

Den Hals des Puppenkörpers in die Kopföffnung schieben, bis dieser auf einer Ebene mit den Armen ist. Dann fest annähen. Ein Büschel Wollfäden, etwa 15 cm lang, mit einem kräftigen Faden in der Mitte zusammenbinden. An dieser Stelle die Fäden auf den Kopf der Puppe nähen. Die Haare gleichmäßig verteilen und ein paar Stirnfransen zurechtschneiden.

Die doppelt liegende Hutform der Länge nach falten und die gerade Kante durch alle Stofflagen hindurch zusammennähen. Den Hut wenden. Wieder ein Stück Band kräuseln und um die untere Kante des Huts nähen. Auf der Vorderseite des Huts zwei kleine rote Schleifen befestigen. Den Hut auf den Kopf setzen und durch die Haare hindurch festnähen.

Auf die Position der Augen zwei Kreuze und als Mund ein rotes V sticken. Zwei Augen aus schwarzem Filz schneiden und auf die Mitte der Kreuze legen. Mit schwarzem Faden festnähen. Am Rand der Augen einen kleinen Stich mit weißem Faden anbringen (als Lichtpunkte). Ein Stück Band kräuseln und um den Hals des Clowns legen. Am Rücken festnähen. Auf die Vorderseite der Puppe zwei Pompons nähen.

CLEO, DER CLOWN

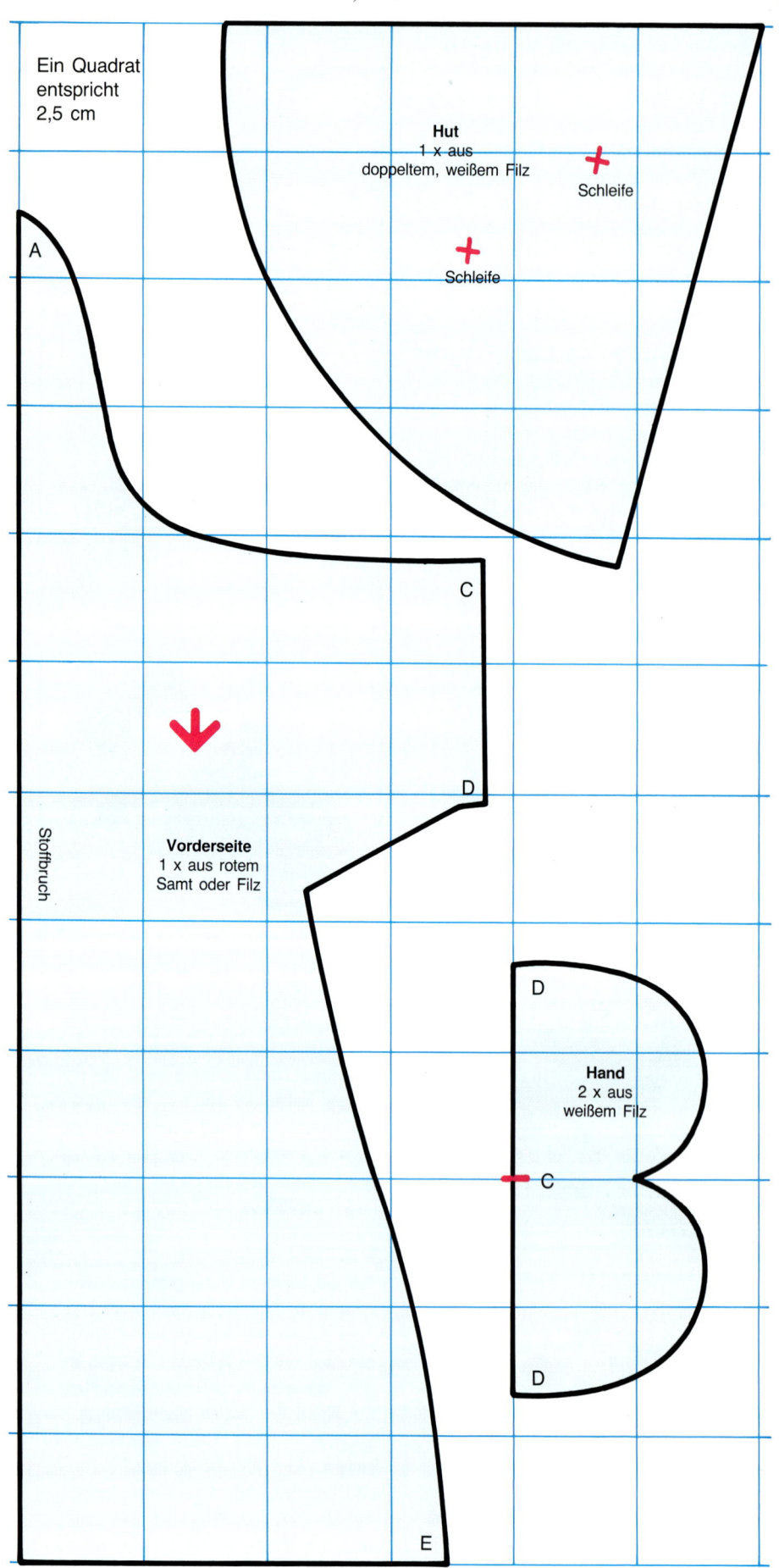

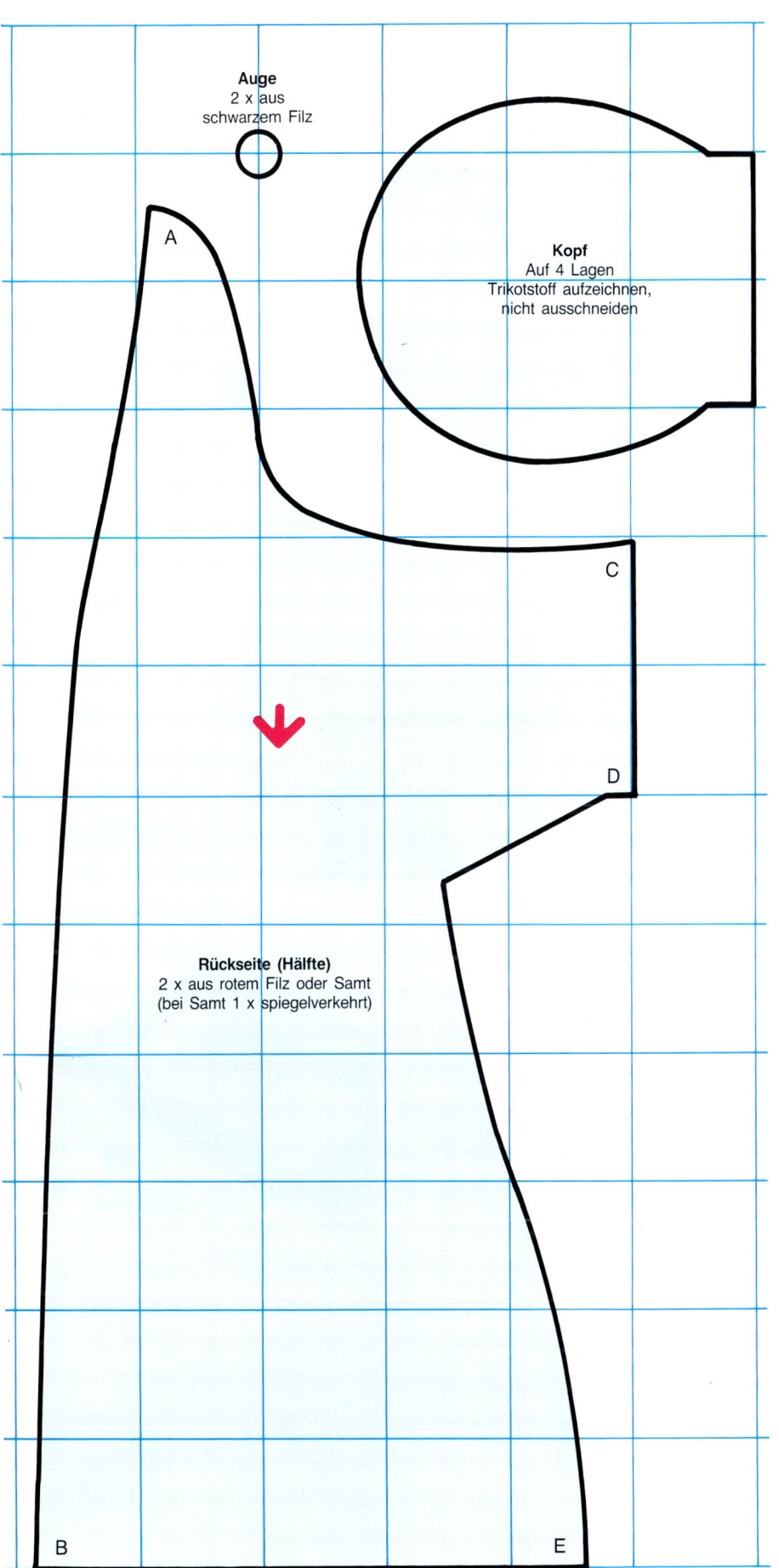

EDELTRAUD, DIE HEXE

MATERIAL

Fleischfarbener Filz, grüner Filz
Schwarzer Filz oder Wildlederstoff
  für die Stiefel
Schwarzer Samt oder Filz für das Kleid
Schwarzer Samt für den Hut
40 cm schwarzes Band
Dicker schwarzer Faden
Rosafarbenes Stickgarn
Füllmaterial

Das Seitenteil des Kopfes auf einer Doppellage fleischfarbenem Filz aufzeichnen. Auf dieser Linie entlangnähen. Den Hinterkopf und die Halsöffnung offenlassen. Mit einer scharfen Schere ausschneiden. Besonders an Nase und Kinn dicht an der Naht bleiben.

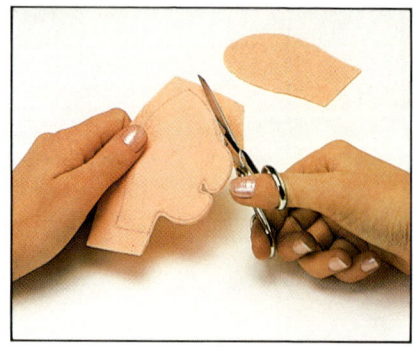

EDELTRAUD, DIE HEXE

Die Teile aufklappen und den Hinterkopf an die Teile annähen. Nur die Halsöffnung ist jetzt noch offen.

Den Kopf wenden und Kinn und Nase vorsichtig nach außen drücken. An Kinn und Nase beginnen und den Kopf ausstopfen. In der Mitte der Füllung muß ein Hohlraum bleiben. Das kann man mit einem dicken Stift erreichen. Den Kopf beiseite legen.

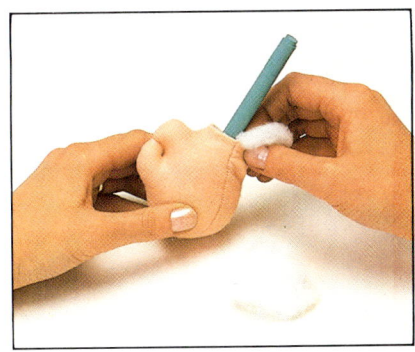

Die beiden Rückenteile des Kleides aufeinanderlegen und von den Punkten A bis B zusammennähen. Auseinanderklappen und das Vorderteil (rechts auf rechts) darauflegen. Die Naht C-A-C zusammennähen.

Die Ärmel auseinanderklappen und die Hände auf die äußere Kante legen. Die Punkte D-C-D verbinden. Die Teile wieder zuklappen und die Seitennähte von der Handspitze bis zur Unterkante des Kleides schließen. Einen schmalen Saum an der Unterkante umknicken und festnähen. Dann das Kleid wenden.

Den »Hals« des Kleides in den Hohlraum des Kopfs schieben, so weit es geht. Diesen mit kleinen Leiterstichen an das Kleid nähen. Aus schwarzem Garn einen Mund aufsticken (siehe Abbildung). Schwarze »Knopfaugen« aufsticken und mit einem Faden leicht zusammenziehen. Zuletzt mit wenigen Stichen schwarze Augenbrauen aufnähen.

EDELTRAUD, DIE HEXE

Das Haarstück auf den Kopf legen. An den Seiten und am Hinterkopf nach unten klappen und oben am Kopf kreisförmig festnähen. Den Filz in dünne Streifen schneiden, so daß ein Haareffekt entsteht.

Die untere Kante des Hutes umklappen und festnähen. Den Hut der Länge nach falten, so daß die rechte Seite außen ist. Die lange Kante zunähen. Den Hut auf den Kopf setzen und entlang der Unterkante durch die Haare hindurch an den Kopf annähen.

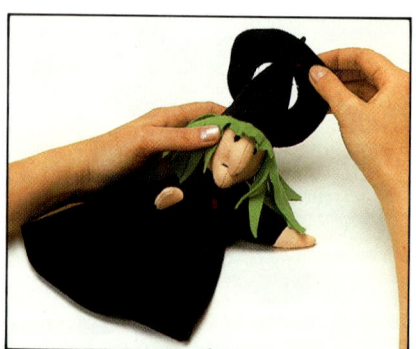

Die beiden Hutkrempen mit der rechten Seite aufeinanderlegen und am äußeren Rand zusammennähen. Die Krempe wenden und beide Ränder mit feinen Stichen flach zusammennähen. Die Krempe über den Hut bis zum Kopf ziehen und fest an den Hut annähen.

Den Übergang von Hut und Krempe mit einem schmalen, schwarzen Samtband verbergen. Die Hutspitze etwa 2 cm zur Seite hinunterbiegen und mit wenigen Stichen befestigen.

Durch die Mitte eines Bandes (40 cm) einen Faden ziehen. Das Band raffen und um den Hals der Hexe legen. Das Band hinten zusammenbinden und den Faden vernähen.

EDELTRAUD, DIE HEXE

Die grünen Filzrechtecke an die geraden Kanten der schwarzen Stiefelteile nähen. Die Stiefel dann zusammenklappen und - bis auf die Oberkante - zunähen. Die Stiefel wenden und die Stiefelspitze vorsichtig nach außen ziehen. Die Stiefel etwas auspolstern. So falten, daß die Naht in die Mitte kommt, und an den unteren Rand des Kleids nähen.

Wer will, kann noch aus schwarzem Stickgarn Schnürsenkel hinzufügen. Ein oder zwei große Knoten aus rosa Stickgarn am Kinn aufnähen, und die Hexe hat Warzen.

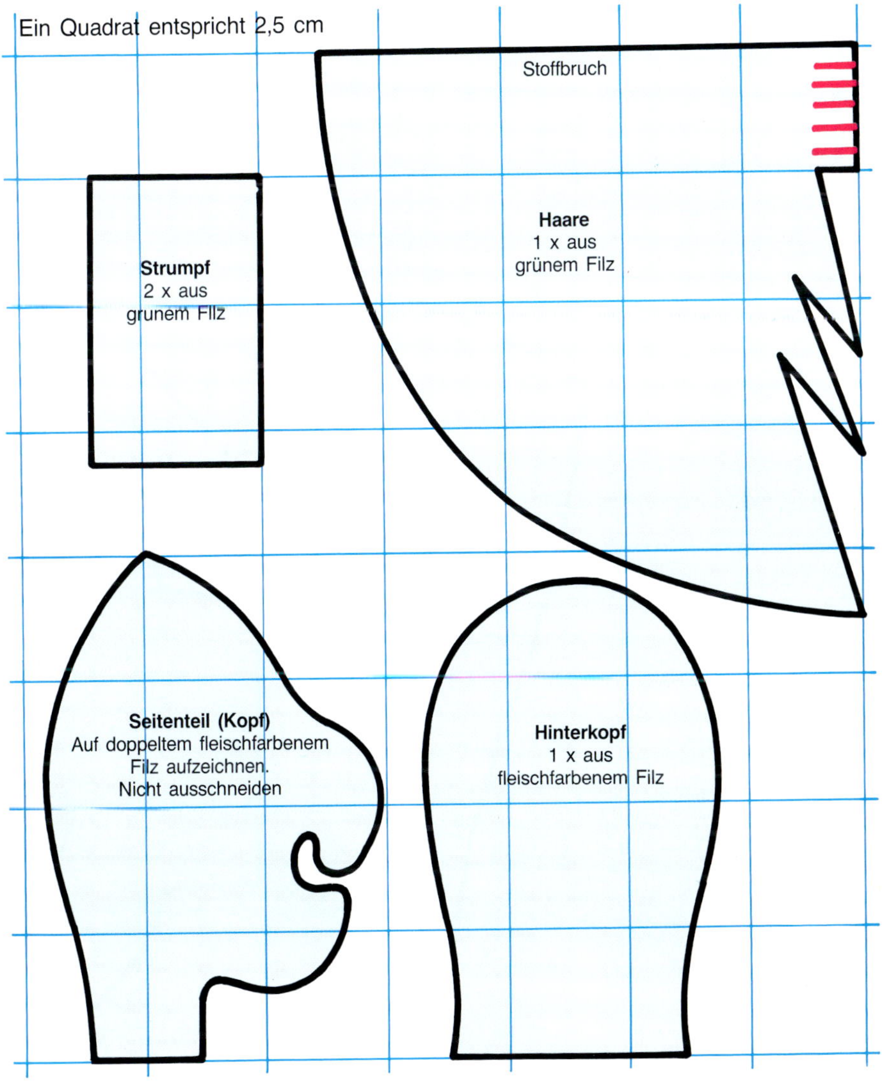

Ein Quadrat entspricht 2,5 cm

Strumpf
2 x aus
grünem Filz

Stoffbruch

Haare
1 x aus
grünem Filz

Seitenteil (Kopf)
Auf doppeltem fleischfarbenem
Filz aufzeichnen.
Nicht ausschneiden

Hinterkopf
1 x aus
fleischfarbenem Filz

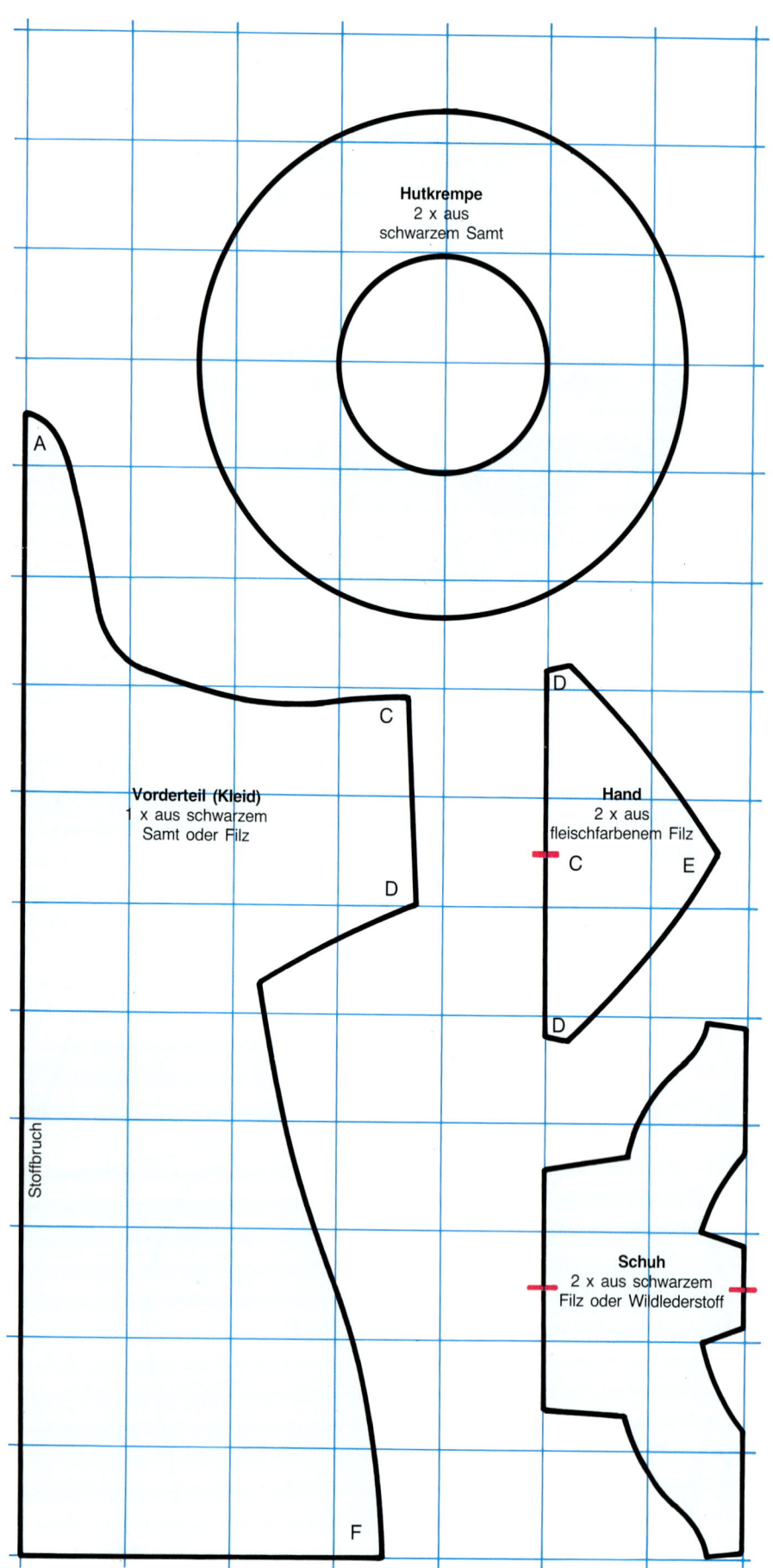

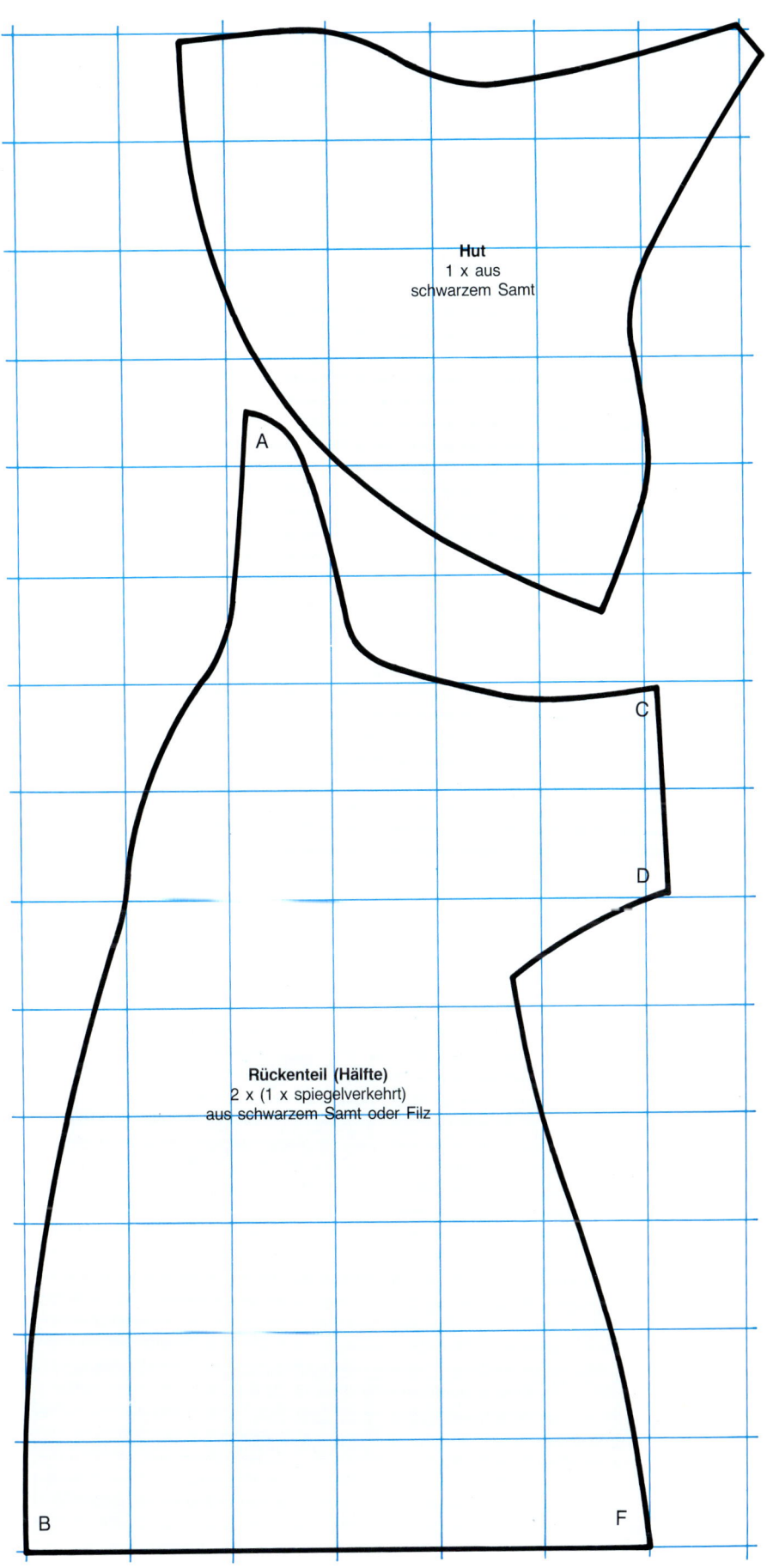

GEORG, DER DRACHE

MATERIAL

2 große orange Filzquadrate
2 große grüne Filzquadrate
Etwas schwarzer Filz
Etwas weißer Filz
Schwarzes Stickgarn
Weißes Stickgarn
Füllmaterial

Je ein grünes auf ein oranges Ohr nähen. Die gerade Kante offenlassen. Die Ohren wenden und so zusammenklappen, daß die orange Seite innen ist. In die seitlichen Kopfteile Schlitze schneiden und die Ohren hindurchschieben. Die offenen Kanten auf der Rückseite fest zusammennähen.

GEORG, DER DRACHE

Die rechten Seiten aufeinanderlegen und die beiden Kopfteile von J bis K zusammennähen. Dann den Einsatz auf beiden Seiten von Punkt J bis Punkt L einnähen. Die Unterkante muß offenbleiben.

Den Kopf wenden und von der Nase her ausstopfen. Immer nur wenig Füllmaterial nachschieben. In der Mitte des Kopfs muß ein Hohlraum bleiben. Am besten erreicht man das, wenn man einen dicken Stift hineinsteckt.

Die Flügel zusammennähen, aber die geraden Kanten offenlassen. Wenden. In die Seitenteile des Körpers Schlitze schneiden und die offenen Flügelkanten hineinschieben. Auf der Rückseite festnähen. Die Seitenteile so hinlegen, daß die Flügel oben sind. Diese dann nach hinten klappen und etwa 5 mm von der Kante entfernt annähen (siehe Abbildung).

Die geraden Kanten des Rückenkamms entlang der Seitenteile (zwischen den markierten Stellen) feststecken. Beide Seitenteile rechts auf rechts legen und die Naht von A bis B schließen.

Die beiden Vorderteile aufeinanderlegen und am Rand ganz knapp zusammennähen. Die gerade Kante offenlassen. Etwas Füllmaterial hineinschieben und gleichmäßig verteilen. An den Punkten C-C beginnen und gerade Nähte über das ganze Vorderteil ziehen (Abstand etwa 25 mm). Durch alle Stofflagen hindurch nähen.

GEORG, DER DRACHE

Die Arme und Beine, wie auf der Abbildung zu sehen, auf die Vorderseite legen und die Nähte C-D und E-F auf beiden Seiten nähen.

Die Rückenteile aufklappen. Bei Punkt A beginnen und das Vorderteil um die Arme und Beine herum auf das Rückenteil nähen, bis zu Punkt G. Auf beiden Seiten schließen und die Abnäher im Vorderteil zunähen. Einen schmalen Saum umnähen. Den Körper wenden, die Beine leicht ausstopfen und am Beinansatz durch alle Stofflagen zunähen.

Den Finger der Handpuppe in die Kopföffnung schieben, so weit es geht. Mehrmals mit Leiterstichen um den Kopfansatz nähen, damit er ganz fest sitzt.

Mit schwarzem Stickgarn die Augen aufnähen. Mit dem gleichen Garn Wimpern hinzufügen. Nasenlöcher und Mund nach der Abbildung sticken. Mit weißem Garn ein paar Stiche vorn am Mund anbringen, damit der Drache Zähne zeigen kann.

Für die Hörner wird der Filz fest gerollt. Die offene Kante vernäht man überwendlich und befestigt die Hörner dann mit Leiterstichen neben den Ohren.

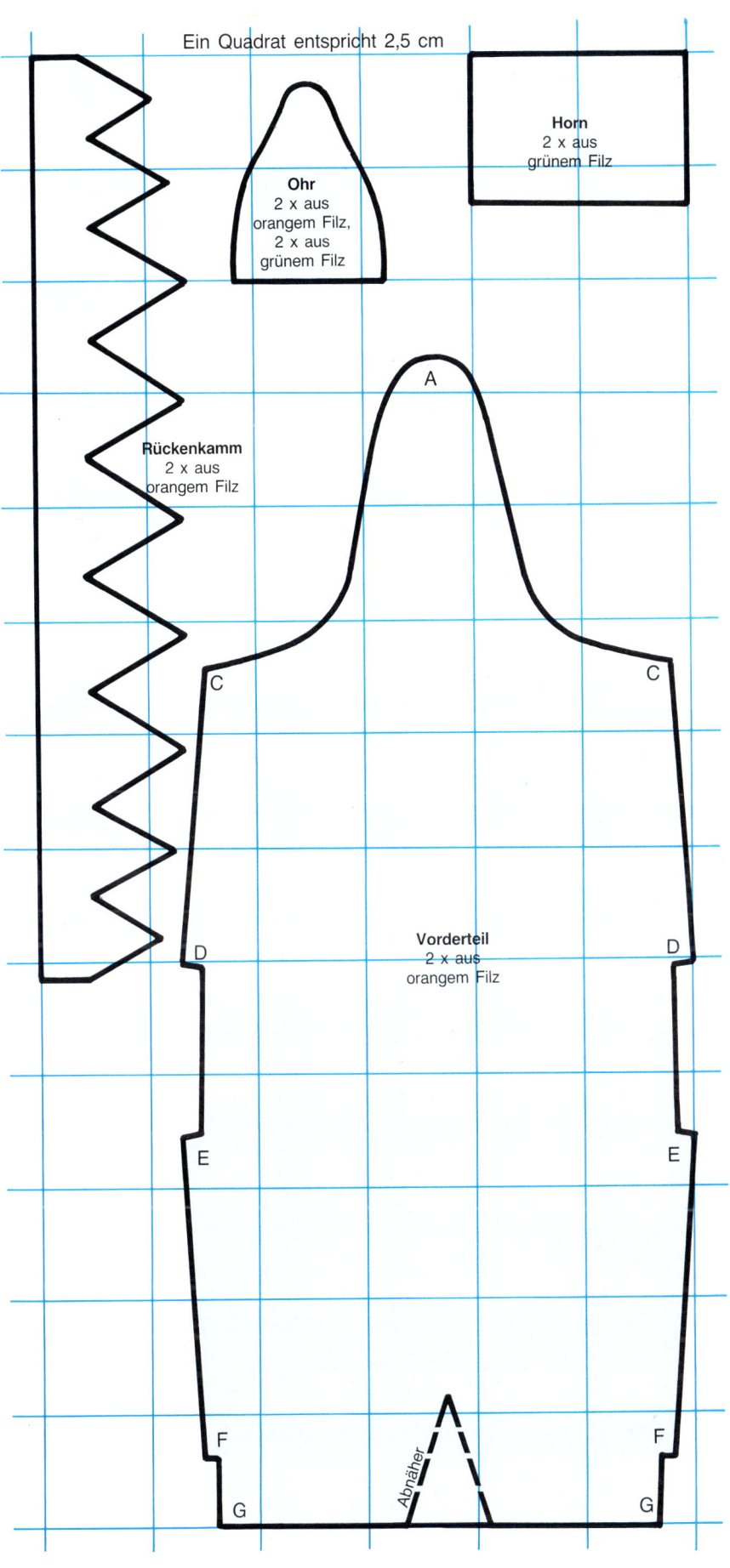

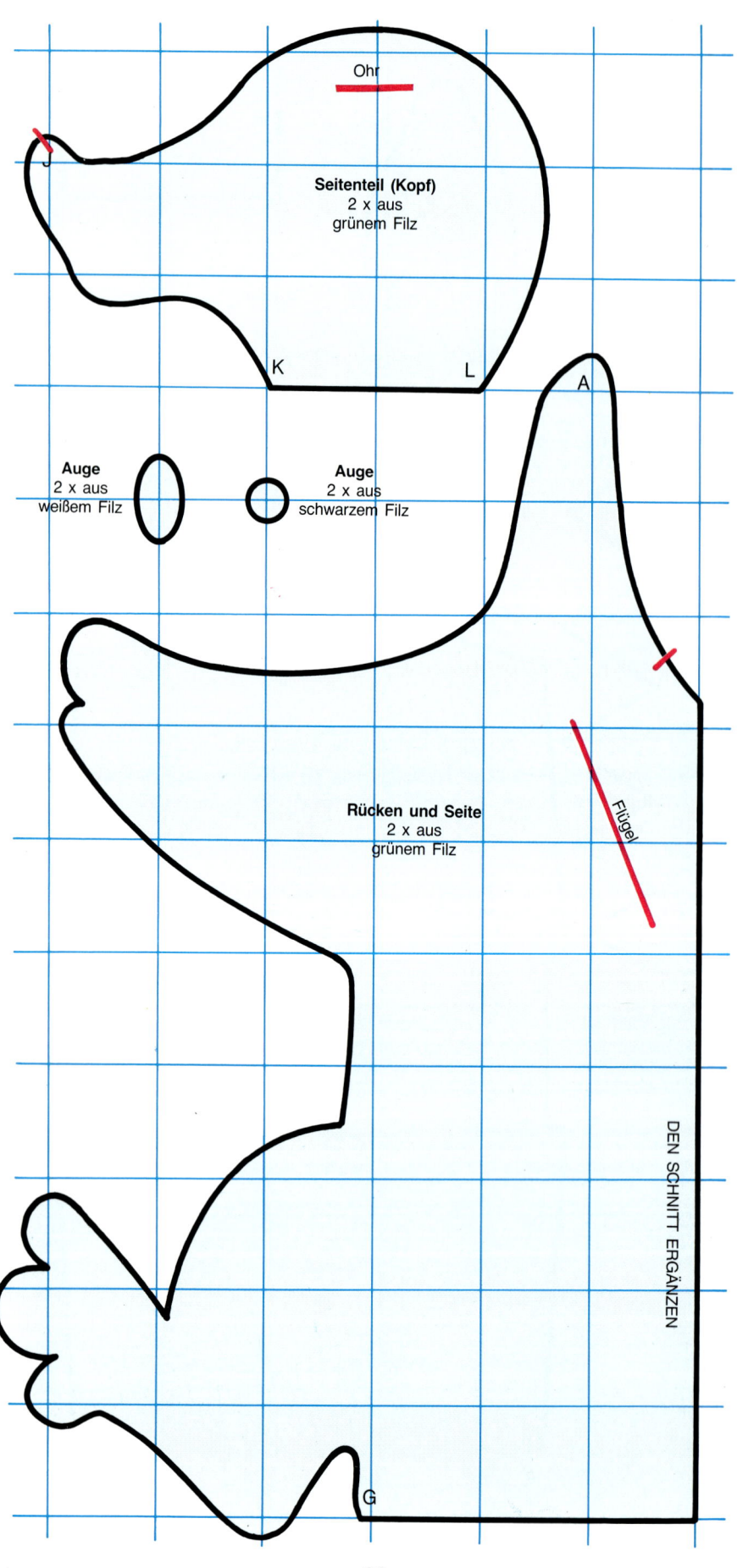

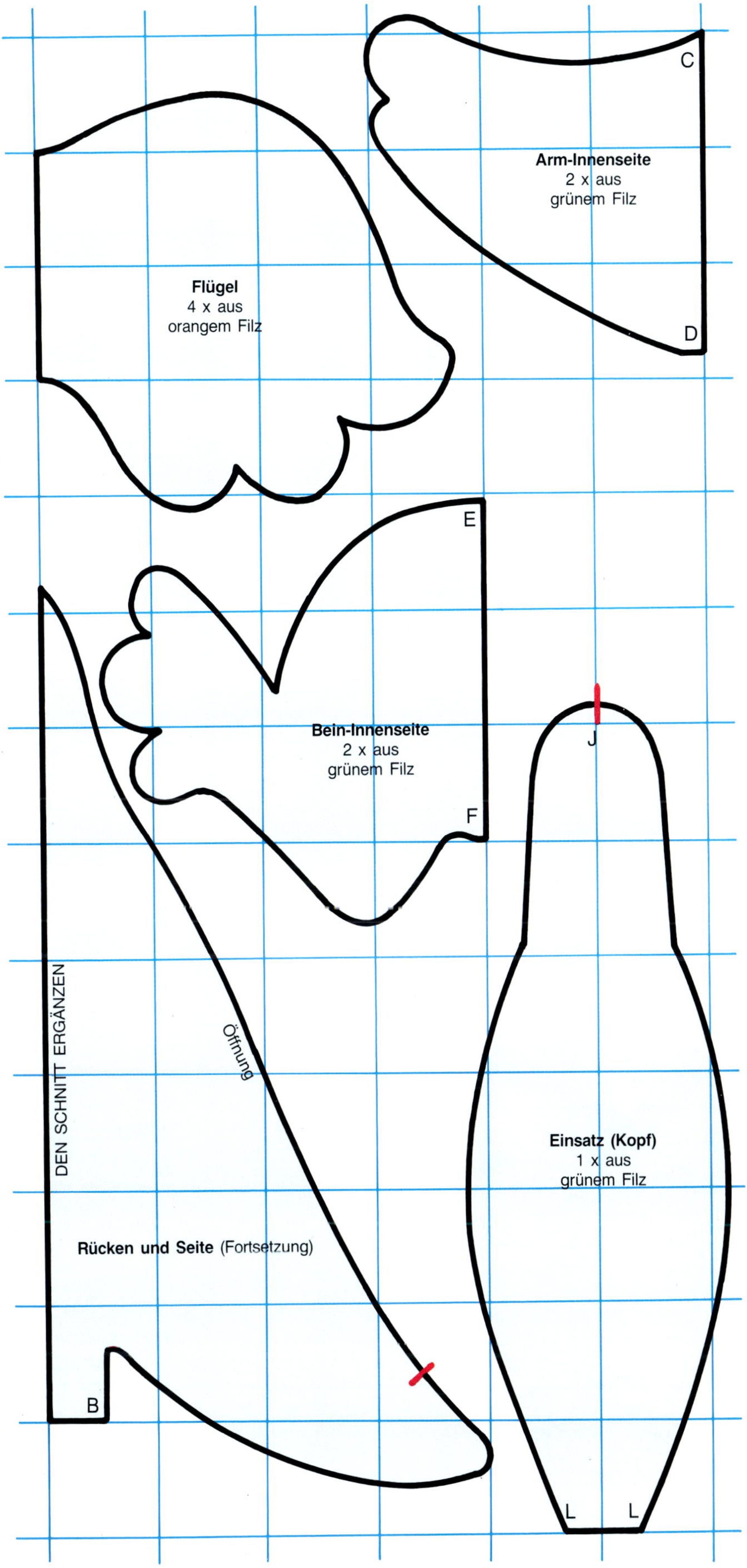

GEORG, DER DRACHE

Arm-Innenseite
2 x aus grünem Filz

Flügel
4 x aus orangem Filz

Bein-Innenseite
2 x aus grünem Filz

DEN SCHNITT ERGÄNZEN

Öffnung

Rücken und Seite (Fortsetzung)

Einsatz (Kopf)
1 x aus grünem Filz

NIKOLAUS

MATERIAL

Roter Samt oder Filz
Schwarzer Filz
Fleischfarbener oder rosa Filz
Weißer, langhaariger Webpelz
Weißer Plüsch für Pompon
Schmuckband
Füllmaterial

Die Bein-Innenteile an die Vorderseite des Körpers (A–B) nähen. Mit den angenähten Beinteilen dieses Vorderteil rechts auf rechts mit der Körperseite (D–C) verbinden. Auf der zweiten Seite wiederholen.

NIKOLAUS

Die Beinnähte flach ausstreifen und die Stiefel an der Linie E-D-E annähen. Dann die Stiefel zuklappen, so daß die rechten Seiten aufeinanderliegen. Die Vorderseite an die Seitenteile nähen (G-E) und darauf achten, daß die Teile bei Punkt A genau aufeinanderpassen. Die Linie E-F mit schwarzem Faden nähen.

Die rückwärtige Naht von G nach C schließen. Nur eine Öffnung zum Wenden offenlassen. Die Stiefelsohlen einnähen. Den Rumpf wenden und prall ausstopfen. Den Körper beiseite legen.

Jacke: Die beiden Teile an der Linie L-M-L zusammennähen. Die Ärmel einsetzen (J-K-J), den Stoff eventuell etwas dehnen. An die Enden der Ärmel je einen Streifen (14 x 4 cm) weißen Plüsch nähen. Die rechten Seiten liegen dabei aufeinander. Den Plüsch über die Kante biegen und auf der Rückseite festnähen.

Die Ärmel in der Mitte zuklappen und die Seitennähte der Jacke (O-J-N) schließen. An die untere Kante der Jacke einen weißen Plüschstreifen (42 x 4 cm) nähen (vgl. Ärmel). Den Streifen nach hinten klappen und an der Rückseite festnähen.

Mütze: An den kurzen Kanten je einen doppelten, schmalen Saum umnähen. An die Vorderkante einen Streifen (23 x 4 cm) nähen (siehe Jacke). Die Mütze zusammenklappen (rechts auf rechts) und die Naht P-Q schließen.

NIKOLAUS

Die Mütze wenden und an jeder Ecke der Vorderkante ein kurzes Band anbringen. Die Spitze der Mütze zur Seite herunterbiegen. Die Kante des Pompons mit geraden Stichen einfassen und leicht zusammenziehen. Etwas Füllmaterial in die Mitte geben und den Faden dann ganz fest zusammenziehen. Den Pompon an der Seite der Mütze aufnähen.

Die Arme paarweise zusammennähen. Die gerade Kante offenlassen. Die Arme wenden und ausstopfen. Überwendlich rechts und links an den Körper annähen. Die Jacke auf den Körper ziehen.

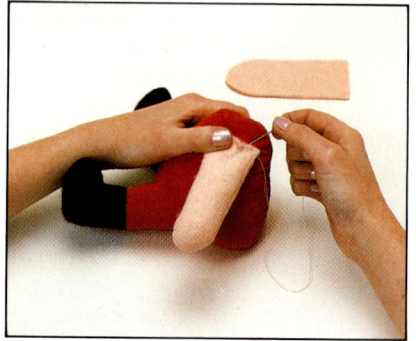

Die Abnäher an beiden Kopfteilen zunähen. Die Teile rechts auf rechts legen und um die Rundung nähen. Die untere gerade Kante bleibt offen.

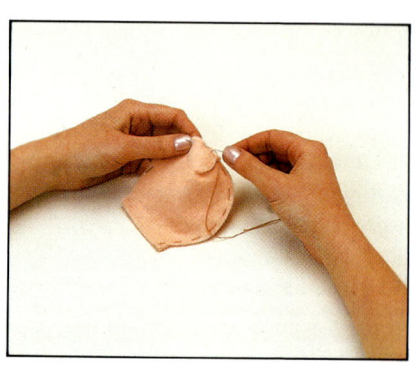

Den Kopf wenden und Füllmaterial hineinschieben, bis er prall gefüllt ist. Die Öffnung mit geraden Stichen einfassen und zuziehen. Den Kopf mit Leiterstichen an den Körper nähen.

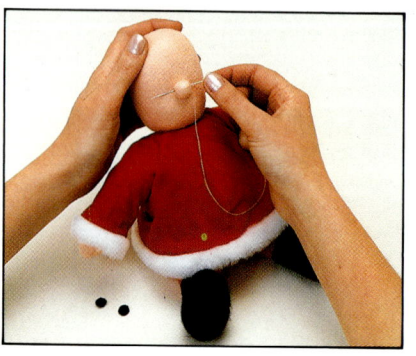

Die ausgeschnittene Nase mit geraden Stichen einnähen und etwas Füllmaterial in die Mitte geben. Den Faden ganz zuziehen und die Nase auf das Gesicht nähen. Zwei Augen aus schwarzem Filz schneiden und etwas oberhalb der Nase mit ein paar Stichen festnähen.

NIKOLAUS

Die Seitenlaschen des Haarstückes umklappen und auf beiden Seiten die Linien R-S zunähen. Den Bart vorn - auf beiden Seiten - an die Linie T-U nähen. Die Haare mit dem Bart wenden und über den Nikolauskopf ziehen. Die Oberkante des Bartes berührt gerade die Nase. Haare und Bart festnähen. Dann die Mütze daraufsetzen und unter dem Bart festbinden.

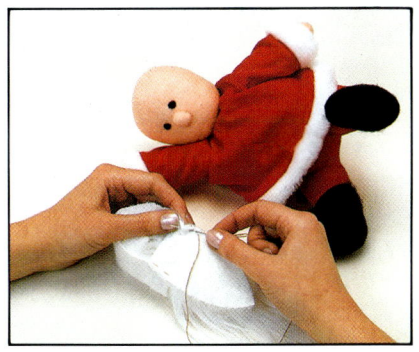

Ein Quadrat entspricht 2,5 cm

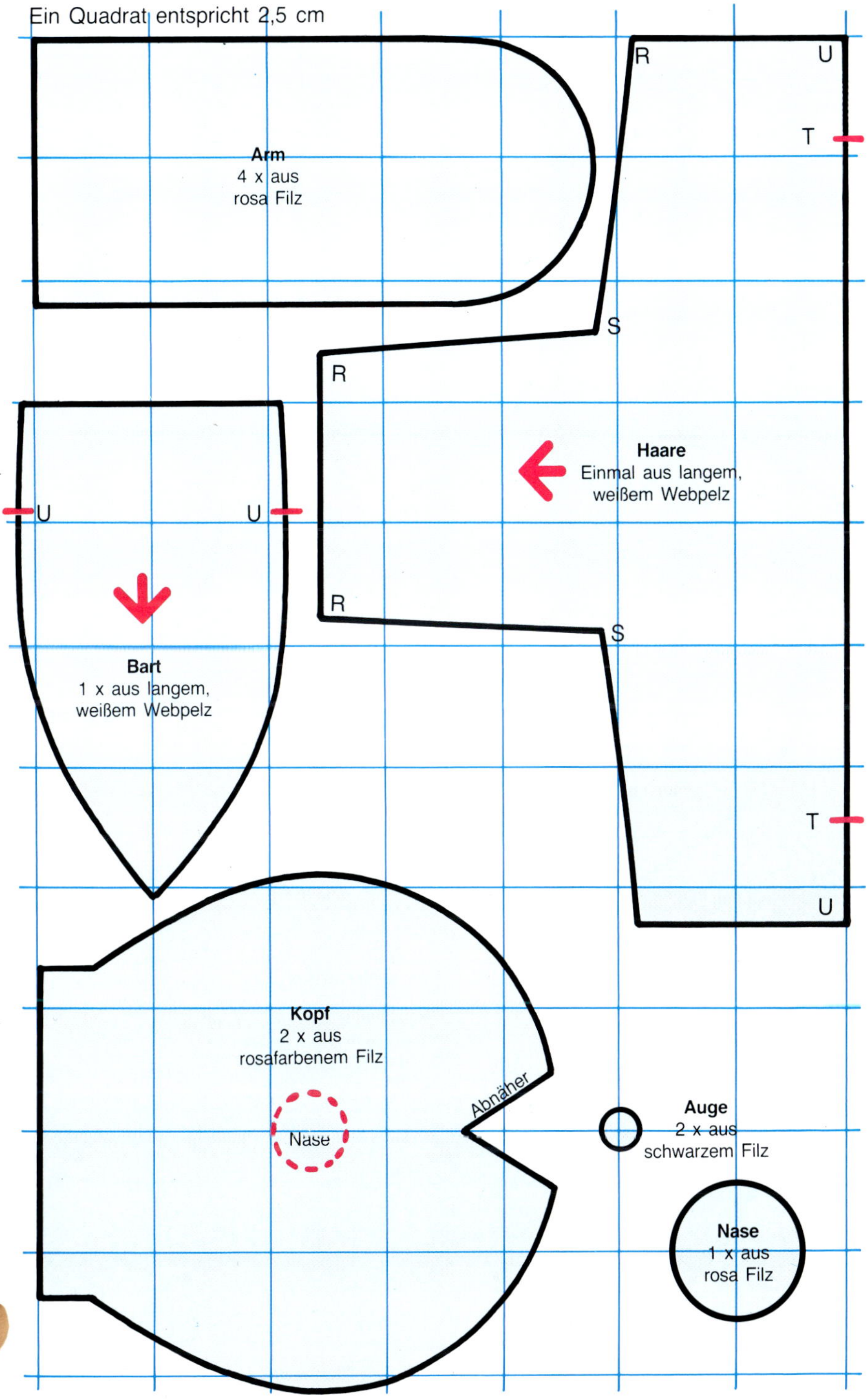

Arm
4 x aus rosa Filz

Haare
Einmal aus langem, weißem Webpelz

Bart
1 x aus langem, weißem Webpelz

Kopf
2 x aus rosafarbenem Filz

Nase

Abnäher

Auge
2 x aus schwarzem Filz

Nase
1 x aus rosa Filz

NIKOLAUS

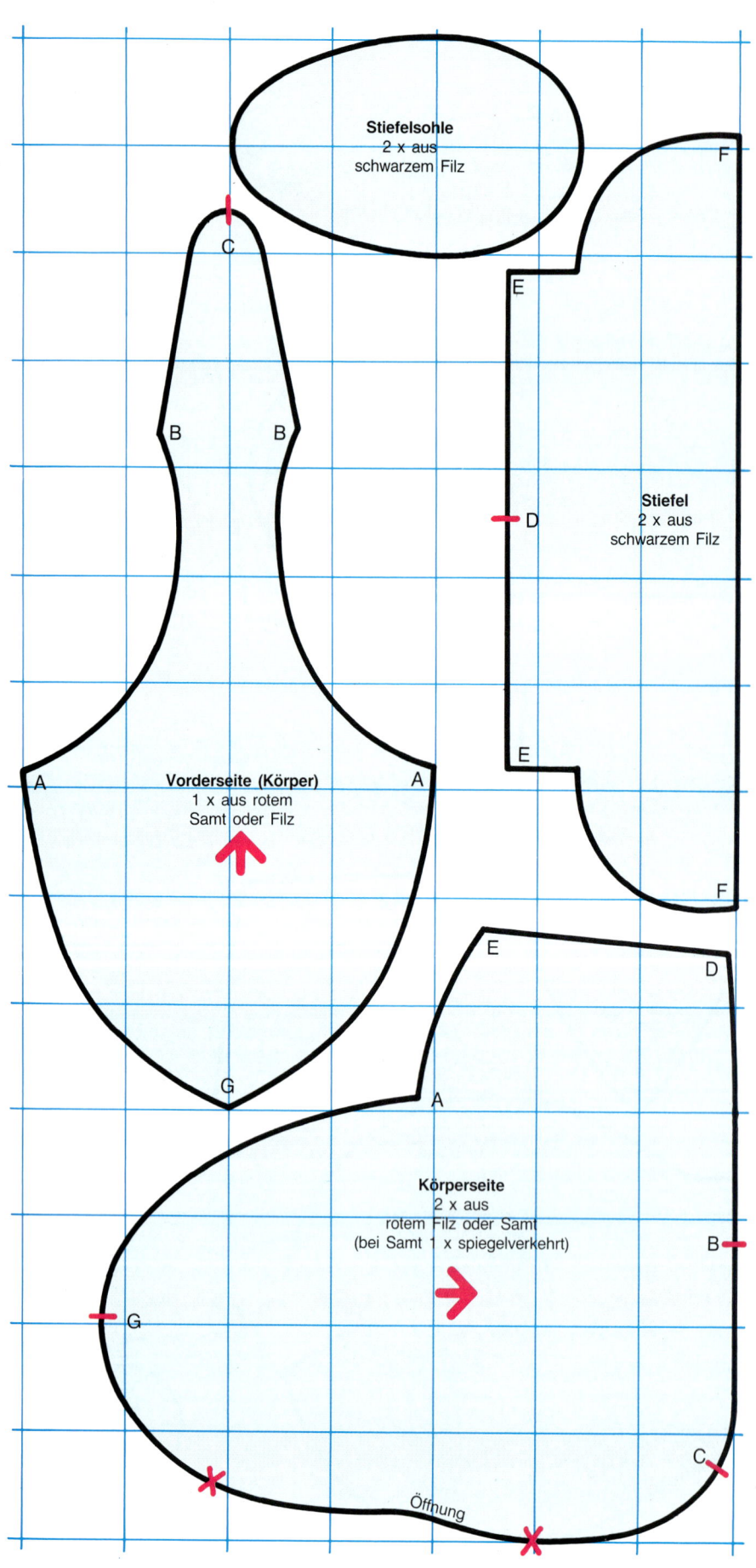

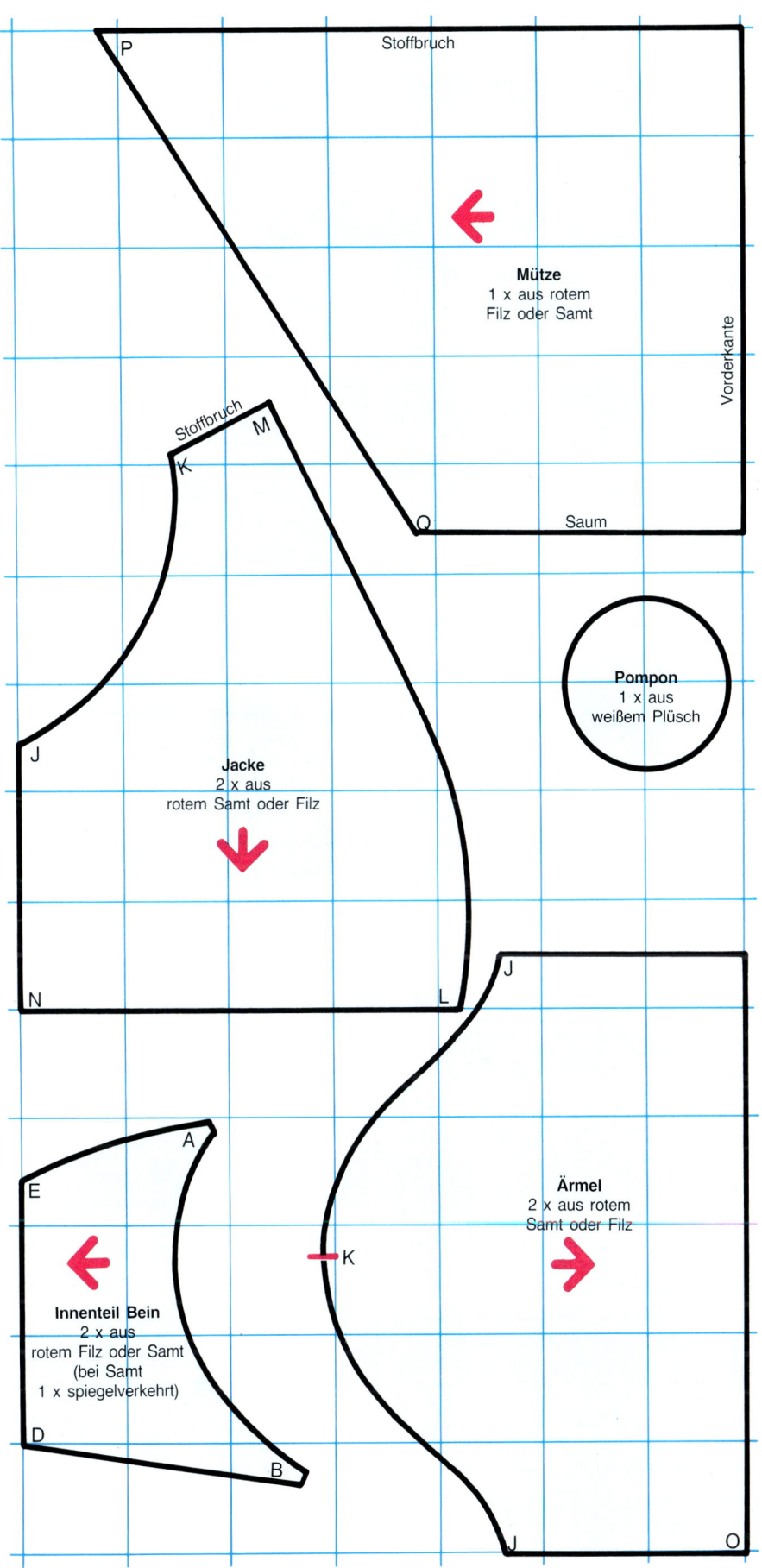

SCHUBERT, DER SCHNEEMANN

MATERIAL

Weißer Plüsch
Schwarzer, grüner und roter Filz
Etwas oranger Filz für die Nase
1 Paar schwarze Augen (12,5 mm)
  mit Sicherheitsverschlüssen
Schwarzes Stickgarn
Füllmaterial

Den Rumpf des Schneemanns so zusammensetzen wie den des Nikolaus (siehe Seite 92/93). Für den Körper verwendet man weißen Plüsch, für die Füße schwarzen Filz. Den Rumpf prall ausstopfen und beiseite legen. Die Abnäher an den Kopfteilen schließen. Die beiden Teile rechts auf rechts aufeinanderlegen und - bis auf die gerade Kante - zusammennähen.

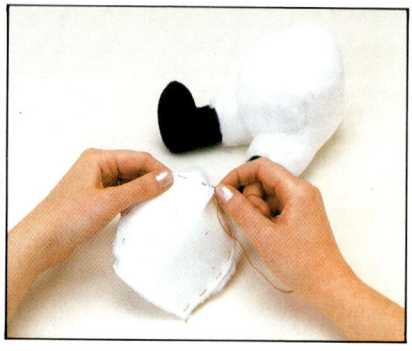

SCHUBERT, DER SCHNEEMANN

Kleine Löcher für die Augen in den Kopf schneiden. Die Augen einsetzen und an der Rückseite mit den Verschlüssen befestigen. Den Kopf ausstopfen, bis er ganz rund aussieht. Die offene Kante mit geraden Stichen einfassen, den Faden zusammenziehen und vernähen.

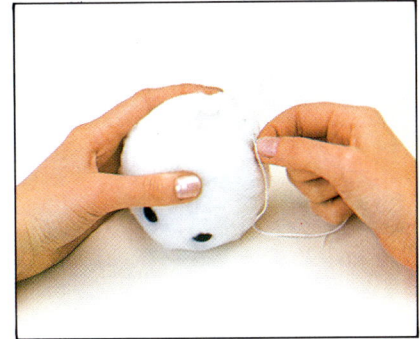

Die Nase zusammenlegen und an der langen Kante zunähen. Wenden und ausstopfen. Die offene Kante zuziehen und die Nase mit Leiterstichen an den Kopf nähen. (Sie soll etwas unterhalb der Augenlinie sitzen.) Unter die Nase aus schwarzem Stickgarn ein »V« als Mund aufnähen. Den Kopf mit Leiterstichen auf dem Rumpf befestigen.

Die Armteile paarweise aufeinanderlegen und zusammennähen. Nur die geraden Kanten bleiben offen. Die Arme wenden und ausstopfen. Die Oberarme nicht so prall füllen. Die offene Kante ein Stückchen nach innen klappen und die Arme überwendlich rechts und links neben dem Hals an den Rumpf nähen. Die Hände mit ein paar Stichen am Rumpf befestigen.

Die beiden Hälften der Hutkrempe am inneren und äußeren Rand zusammennähen. Das Mittelstück des Huts an der kurzen Kante zunähen. Auf die Krempe setzen und die beiden Teile von innen miteinander vernähen. Den Deckel überwendlich darauf nähen und etwas Füllmaterial in den Hut stecken.

Den Hut leicht schief auf den Kopf setzen und annähen. Einen roten Filzstreifen (19 cm x 2 cm) um den Hut legen und die überlappenden Enden festnähen. An den Hut Stechpalmenblätter und an den Rumpf Knöpfe nähen. Aus grünem oder rotem Filz einen Streifen (5 cm x 40 cm) schneiden. Die Enden fransig schneiden und den Streifen dem Schneemann als Schal um den Hals schlingen.

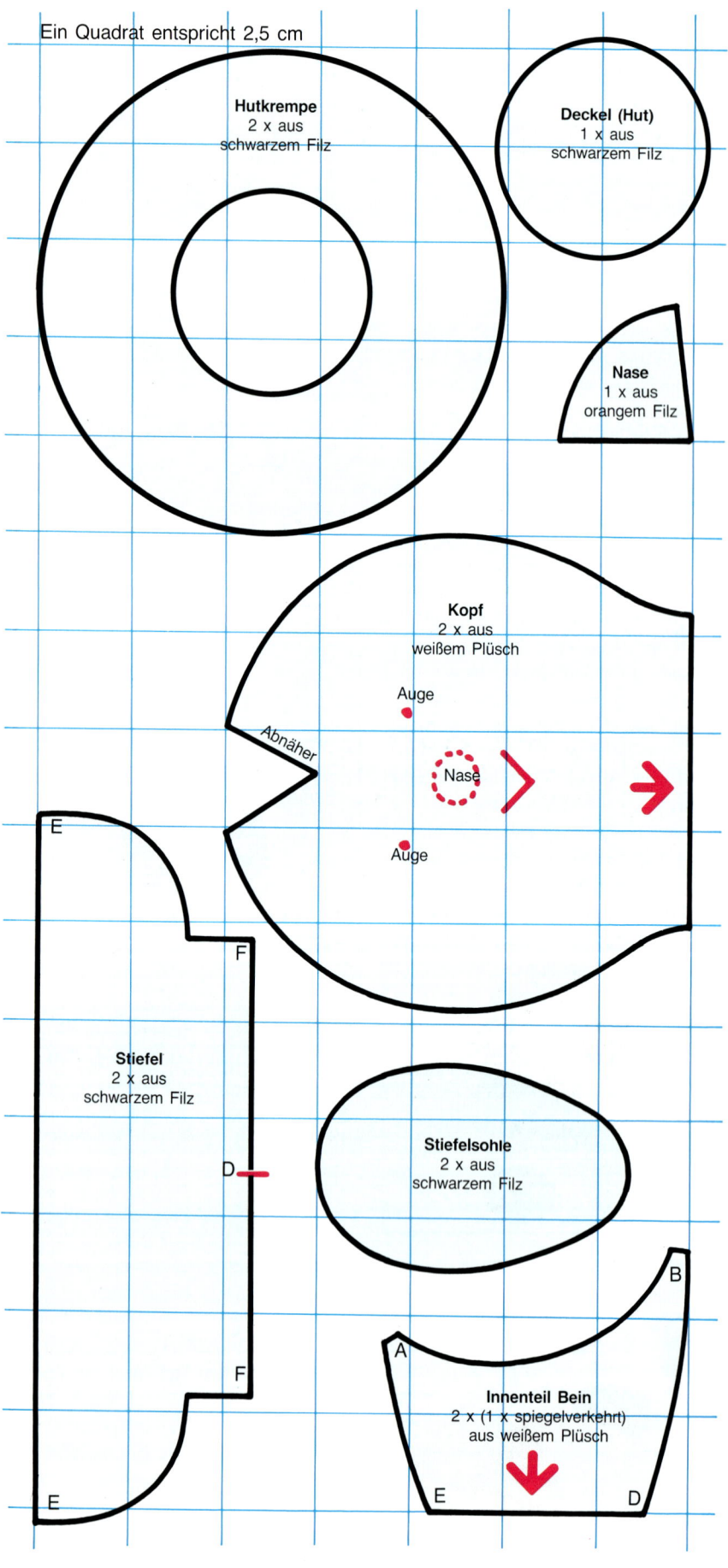

SCHUBERT, DER SCHNEEMANN

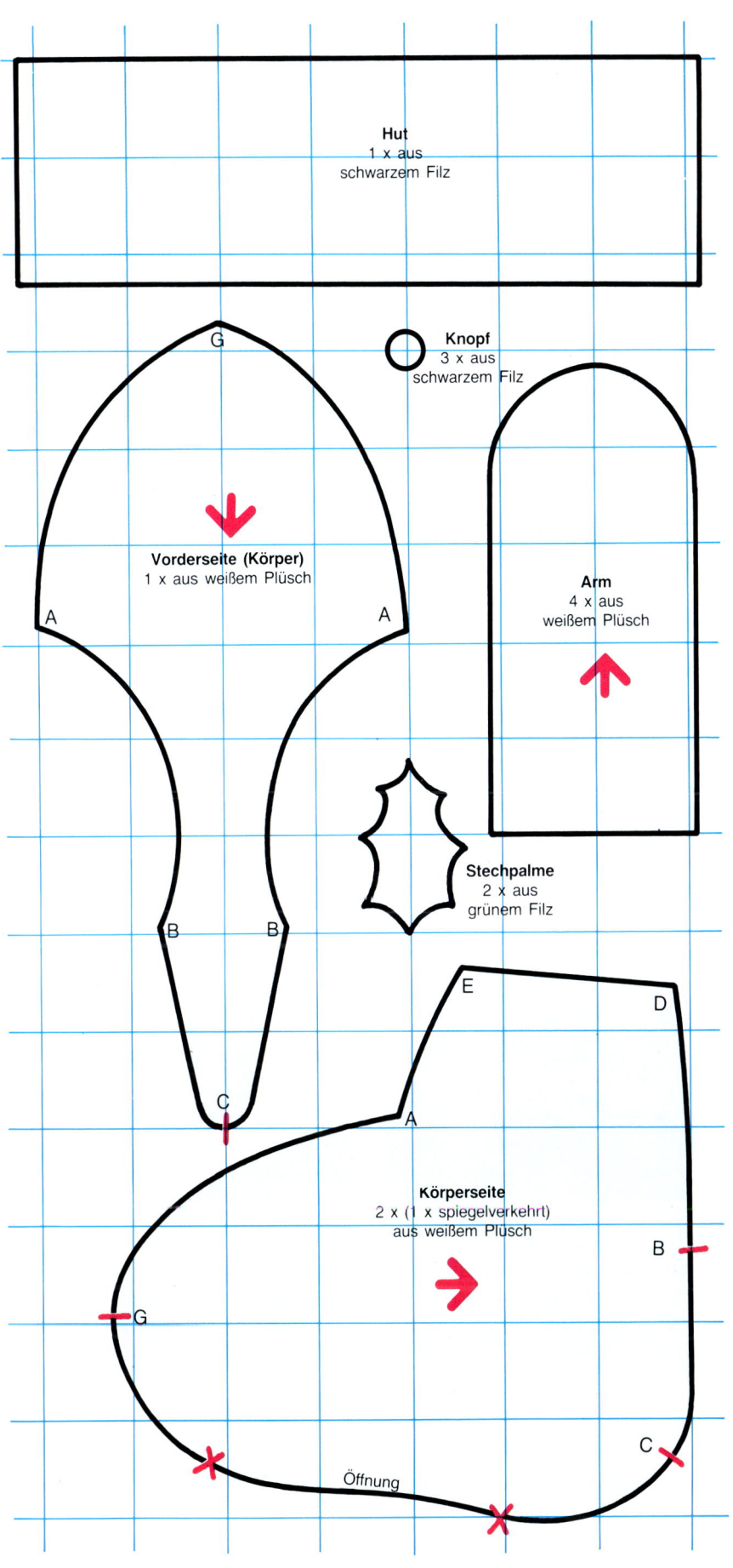

FAMILIE RÜSSEL

MATERIAL

30 cm x 150 cm grauer Filz, Samt oder Wildlederstoff
Ein Stück rosafarbener Stoff (zum Beispiel Samt) für Ohren und Füße
3 Paar Augen (12 mm) mit Sicherheitsverschlüssen
Füllmaterial

BEKLEIDUNG

Etwas weißer Frotteestoff für die Windel
Weißer und rosa Filz für das Lätzchen
Schmuckband
Sicherheitsnadel für die Windel
Roter Samt
Blauer Filz
50 cm x 5 cm gepunkteter Stoff, Kanten schräg geschnitten, für die Halstücher
50 cm schmales Gummiband

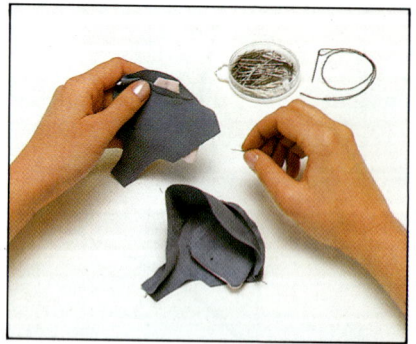

Die Köpfe wie folgt zusammensetzen: Schlitze für die Ohren und Löcher für die Augen an den markierten Stellen in den Stoff schneiden. Die rosa Teile in die grauen Ohren nähen und die Kante A-B offenlassen. Die Ohren wenden und mit der Öffnung durch die Schlitze stecken. Die rosa Seite muß nach vorn weisen. Den Schlitz zunähen.

Den Einsatz von Punkt C zu Punkt D an die Kopfseite annähen (rechts auf rechts). Die zweite Seite nähen. Die Naht E-F unter dem Rüssel schließen. Den Rüssel so legen, daß die untere Naht in der Mitte ist, dann das Ende des Rüssels zunähen.

FAMILIE RÜSSEL

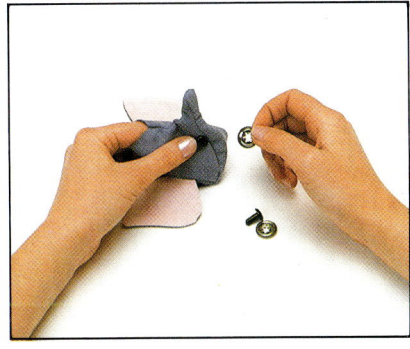

Den Kopf wenden und den Rüssel herausziehen. Die Augen einsetzen und auf der Rückseite mit den Verschlüssen befestigen. Den Kopf ausstopfen. Man beginnt beim Rüssel und füllt dann nach und nach den ganzen Kopf, bis er schön gerundet ist. Die Öffnung mit geradem Stich einfassen und dann zusammenziehen. Den Faden gut vernähen.

Elefanteneltern: Je zwei Körperhälften an der Naht G-H rechts auf rechts zusammennähen. Das ergibt Vorder- und Rückenteil des Elefanten. Eine Öffnung lassen, um den Körper wenden und füllen zu können. Die beiden Teile auseinanderfalten und mit den rechten Seiten aufeinanderlegen. An der Kante J-G-J vernähen.

FAMILIE RÜSSEL

Den Körper aufklappen und die Armteile an den Punkten K, J und K anheften. Die Nähte an beiden Seiten schließen.

Vorder- und Rückenteil rechts auf rechts aufeinanderlegen. Die beiden Seitennähte von den Armen zu den Füßen, von M bis K und L, zunähen. Die Naht N-H-N innen an den Beinen zunähen.

Die Bein- und Armlöcher aufhalten und die rosa Sohlen auf die Öffnungen nähen.

Den Körper wenden und fest ausstopfen. Die Öffnung mit Leiterstichen schließen. Den Kopf an den Rumpf anfügen. Mit Leiterstichen mehrmals fest annähen.

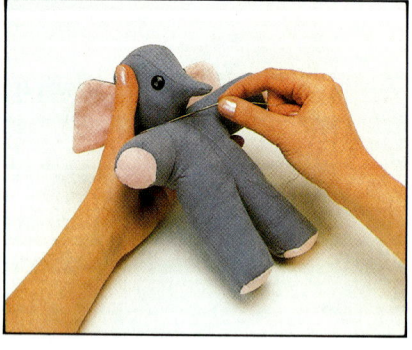

Für die Halstücher den Stoff in der Mitte durchschneiden, so daß die Teile etwa 25 cm lang sind. Jedem Elefanten ein Teil um den Hals schlingen. Die Schulternähte der Jacken rechts und links zusammennähen. Die Jacken wenden und den Elefanteneltern anziehen.

FAMILIE RÜSSEL

An den unteren Kanten der beiden Hosenteile (R-R) einen schmalen Saum umnähen. Die Teile jeweils aufeinanderlegen und die Nähte P-O schließen. Die Hosenbeine innen (R-O-R) zusammennähen. Die Hose am Bund zweimal umknicken und so annähen, daß man ein Gummiband einziehen kann. Den Gummi nach der Taillenweite des Elefantenvaters abmessen, vernähen und abschneiden.

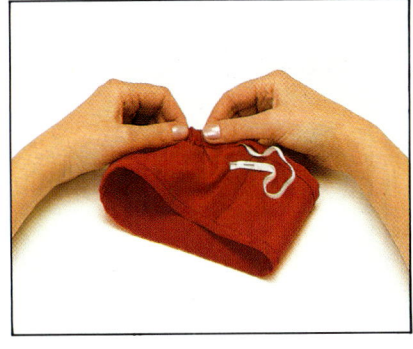

Als Rock einen breiten Streifen Filz (14 cm x 44 cm) zuschneiden. Zusammenklappen und die schmale Kante zunähen. Eine Kante schmal einsäumen, die andere so vorbereiten, daß man einen Gummi einziehen kann (siehe Hose). Den Gummi der Taillenweite der Elefantenmutter anpassen.

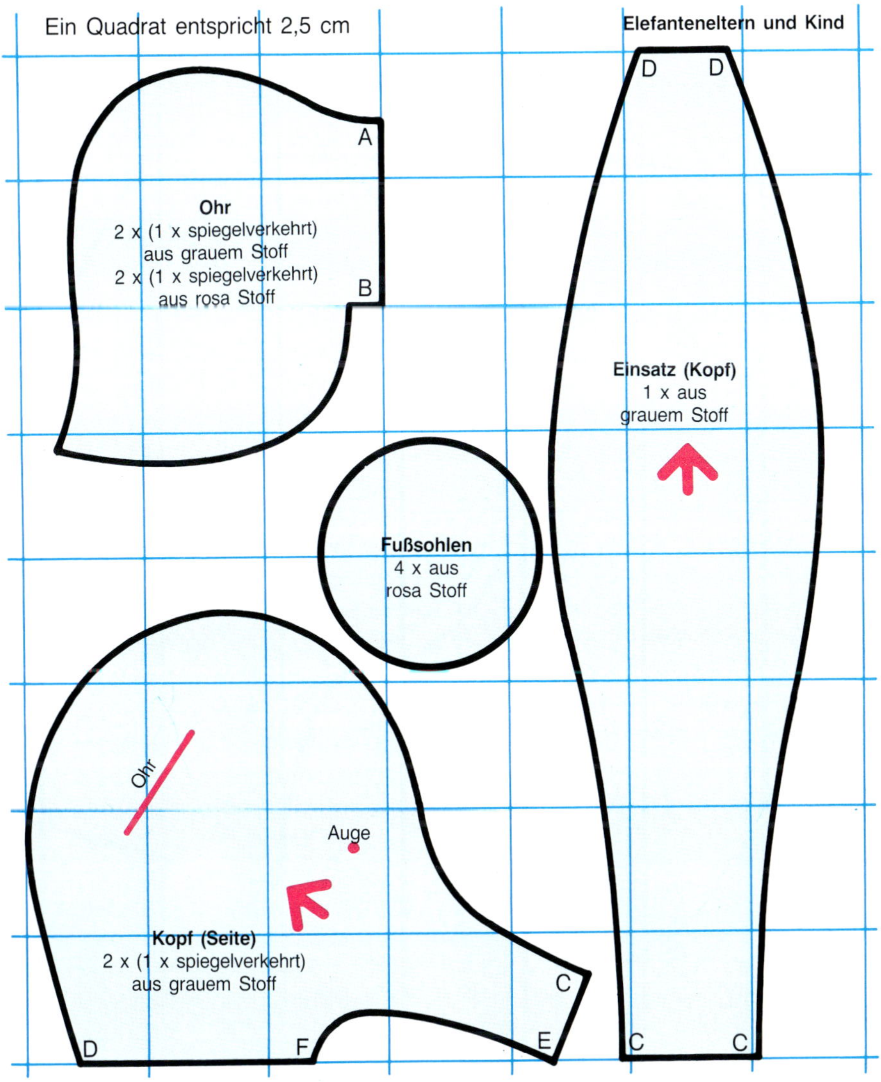

Ein Quadrat entspricht 2,5 cm

Elefanteneltern und Kind

Ohr
2 x (1 x spiegelverkehrt)
aus grauem Stoff
2 x (1 x spiegelverkehrt)
aus rosa Stoff

Einsatz (Kopf)
1 x aus
grauem Stoff

Fußsohlen
4 x aus
rosa Stoff

Ohr
Auge

Kopf (Seite)
2 x (1 x spiegelverkehrt)
aus grauem Stoff

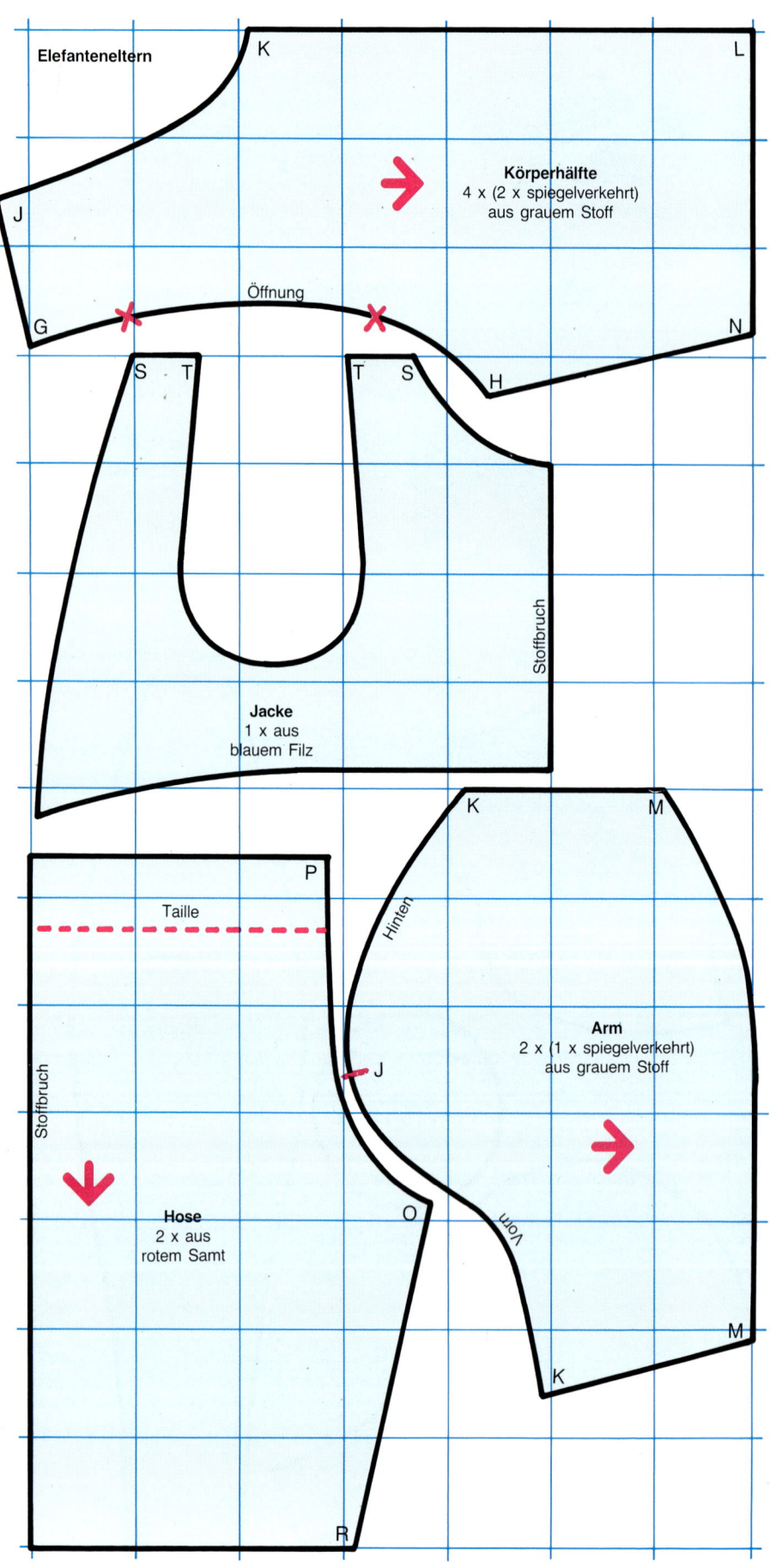

─── FAMILIE RÜSSEL ───

Den Kopf des Elefantenkindes nach der Anleitung auf Seite 102/103 anfertigen. Der Schnitt für den Körper ist auf Seite 108 zu finden. Die beiden Innenteile des Körpers an der Kante A-B zusammennähen. Dann die Seitenteile von A bis B zusammennähen. Eine kleine Öffnung aussparen.

Innen- und Seitenteile an den Linien A-C zusammenfügen. Den Stoff ziehen, bis die Teile passen. Dann die Linie D-B-D schließen. Die Sohlen auf die Beinöffnungen nähen.

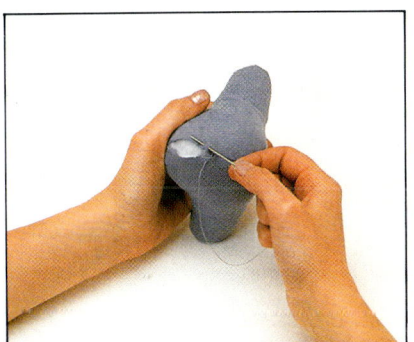

Den Rumpf wenden und ausstopfen. Wenn Sie mit der Form zufrieden sind, die Öffnung mit ein paar Leiterstichen schließen.

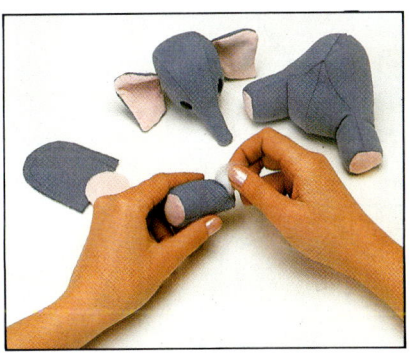

Je ein Armpaar zusammennähen und die gerade Kante offenlassen. Eine Sohle in die offenen Enden nähen. An den Oberarmen je einen kleinen Schnitt anbringen, die Arme wenden und ausstopfen. Die Schnitte zunähen. Den Kopf mit Leiterstichen auf den Rumpf nähen. Die Arme anbringen.

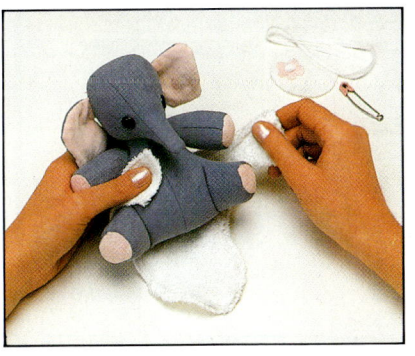

Die Windel ringsherum einsäumen, um das Elefantenkind legen und mit einer Sicherheitsnadel befestigen. An das Lätzchen ein Band nähen und eine Filzblume als Verzierung aufnähen.

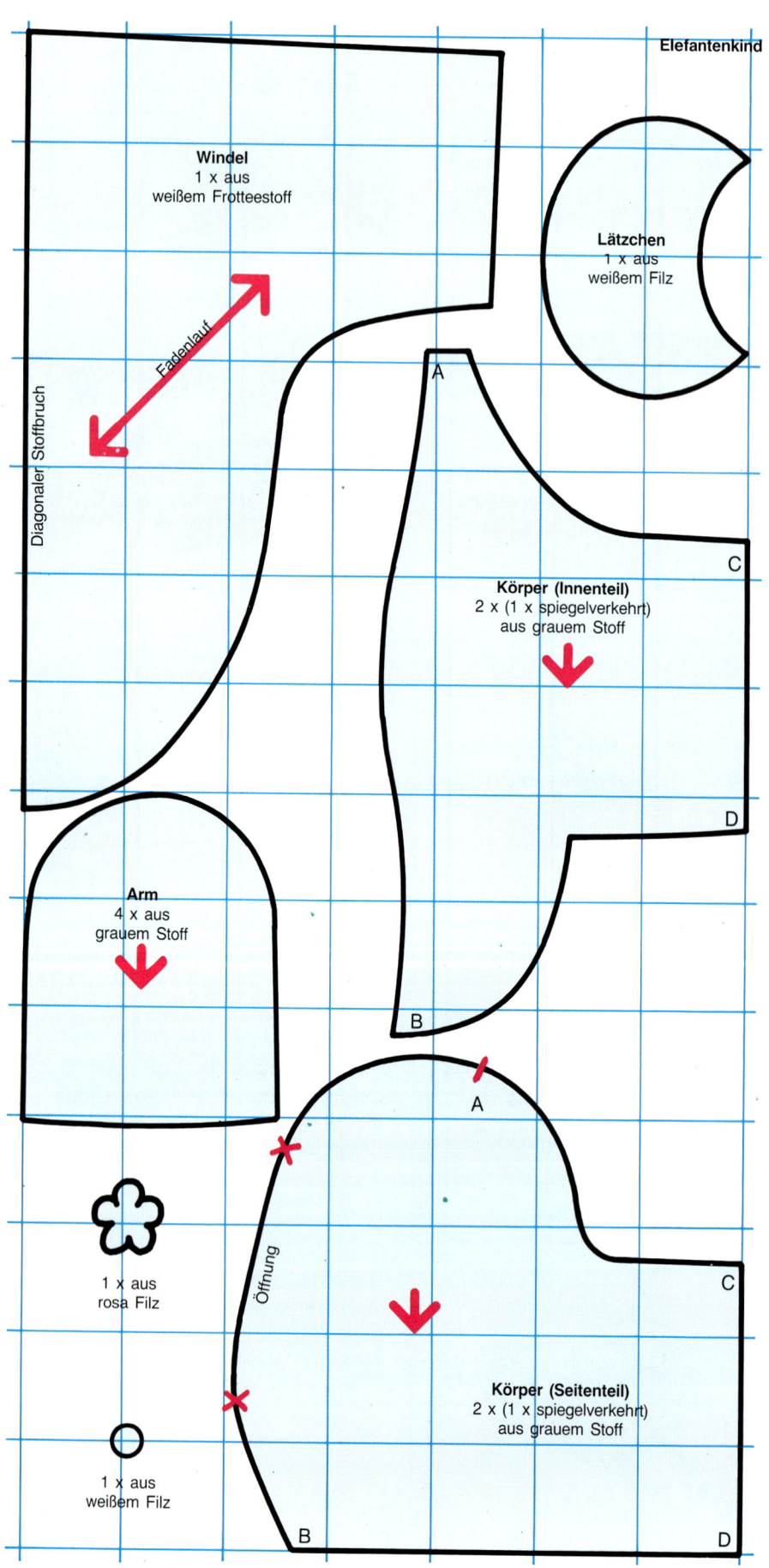

PAN-PAN, DER PANDA

MATERIAL

Schwarzer Plüsch
Weißer Plüsch
Etwas schwarzer Filz
　für die Augenpartie
1 Paar schwarze Augen (13,5 cm)
　mit Sicherheitsverschlüssen
Schwarzes Stickgarn
Füllmaterial

Die drei Rumpfstücke zusammenfügen. Zuerst die Kopfhälfte und das mittlere Körperstück zusammenfügen und die Naht A–B nähen. Dann, mit den rechten Seiten gegeneinander liegend, die Naht C–D der unteren Körperhälfte und des seitlichen Körpermittelstücks zusammennähen. Das Ganze auf der anderen Seite wiederholen.

PAN-PAN, DER PANDA

Den Abnäher im oberen Körperinnenteil einnähen. Den schwarzen oberen Körper (Innenteil) an der Kante D-D an den weißen unteren Körper (Innenseite) nähen. Den oberen Innenkörper an das Kinnstück entlang der Linie B-B anfügen.

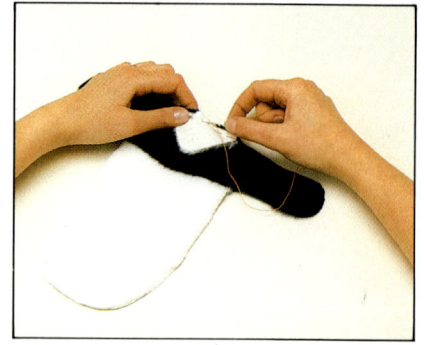

Die innere Körperpartie so an die seitliche nähen (G bis F), daß die Punkte B und D übereinstimmen. Den Stoff, falls nötig, etwas dehnen. An der zweiten Seite ebenso verfahren.

Den Einsatz (Kopf) an die seitliche Kopfpartie zwischen den Punkten E und A nähen. Darauf achten, daß die Teile beim Punkt H übereinstimmen. Auf der zweiten Seite genauso vorgehen. Die Naht E-G vorn am Kopf schließen, dann die Naht A bis F am Rücken des Pandas.

Mit einer scharfen Schere kleine Löcher für die Augen in die markierten Stellen schneiden. Einen Schlitz in den weißen Bauch schneiden und den Körper vorsichtig durch den Schlitz auf die rechte Seite wenden. Die Enden der Arme ganz herausziehen.

In die Augenflecken ein Loch stechen, die Augen hindurchstecken und an der Rückseite mit den Sicherheitsverschlüssen befestigen. Den Panda ausstopfen. Mit den Armen beginnen. Darauf achten, daß Kopf und Körper schön geformt sind. Die Öffnung am Bauch mit einigen Leiterstichen schließen.

PAN-PAN, DER PANDA

Ein Hinterbein der Länge nach zusammenlegen und zunähen, nur eine Öffnung zum Wenden lassen. Das Bein wenden und locker ausstopfen. Die Öffnung mit ein paar Leiterstichen schließen. Das etwas dickere Ende des Beins seitlich an den Rumpf annähen. Mit dem zweiten Bein ebenso verfahren.

Zwei Ohrenstücke mit den rechten Seiten aufeinanderlegen und zusammennähen. Die gerade Kante offenlassen. Das Ohr wenden und die offenen Kanten überwendlich zunähen. Das zweite Ohr ebenso anfertigen. Die Ohren flach auf den Kopf legen und überwendlich festnähen. Dann die Ohren aufrecht stellen und entlang der Vorderkante mit Leiterstichen so an den Kopf nähen, daß sie diese Position behalten.

Die Augenflecken mit schwarzem Faden festnähen. Nase und Mund mit schwarzem Garn in langen geraden Stichen aufsticken. Wer will, kann mit weißem Garn Krallen auf die Pfoten sticken.

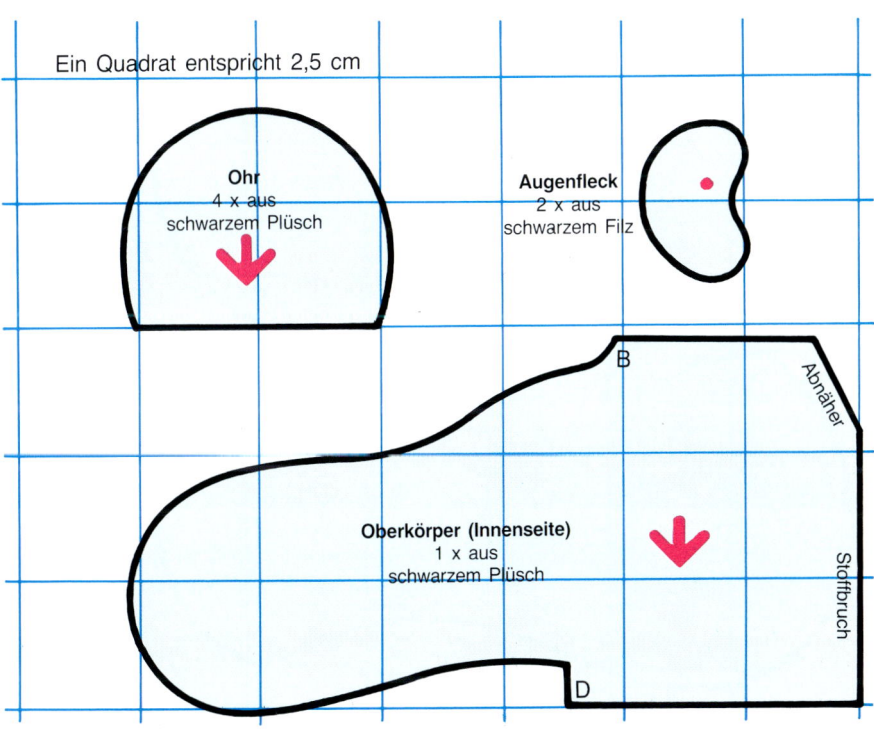

Ein Quadrat entspricht 2,5 cm

Ohr
4 x aus
schwarzem Plüsch

Augenfleck
2 x aus
schwarzem Filz

Oberkörper (Innenseite)
1 x aus
schwarzem Plüsch

Abnäher

Stoffbruch

PAN-PAN, DER PANDA

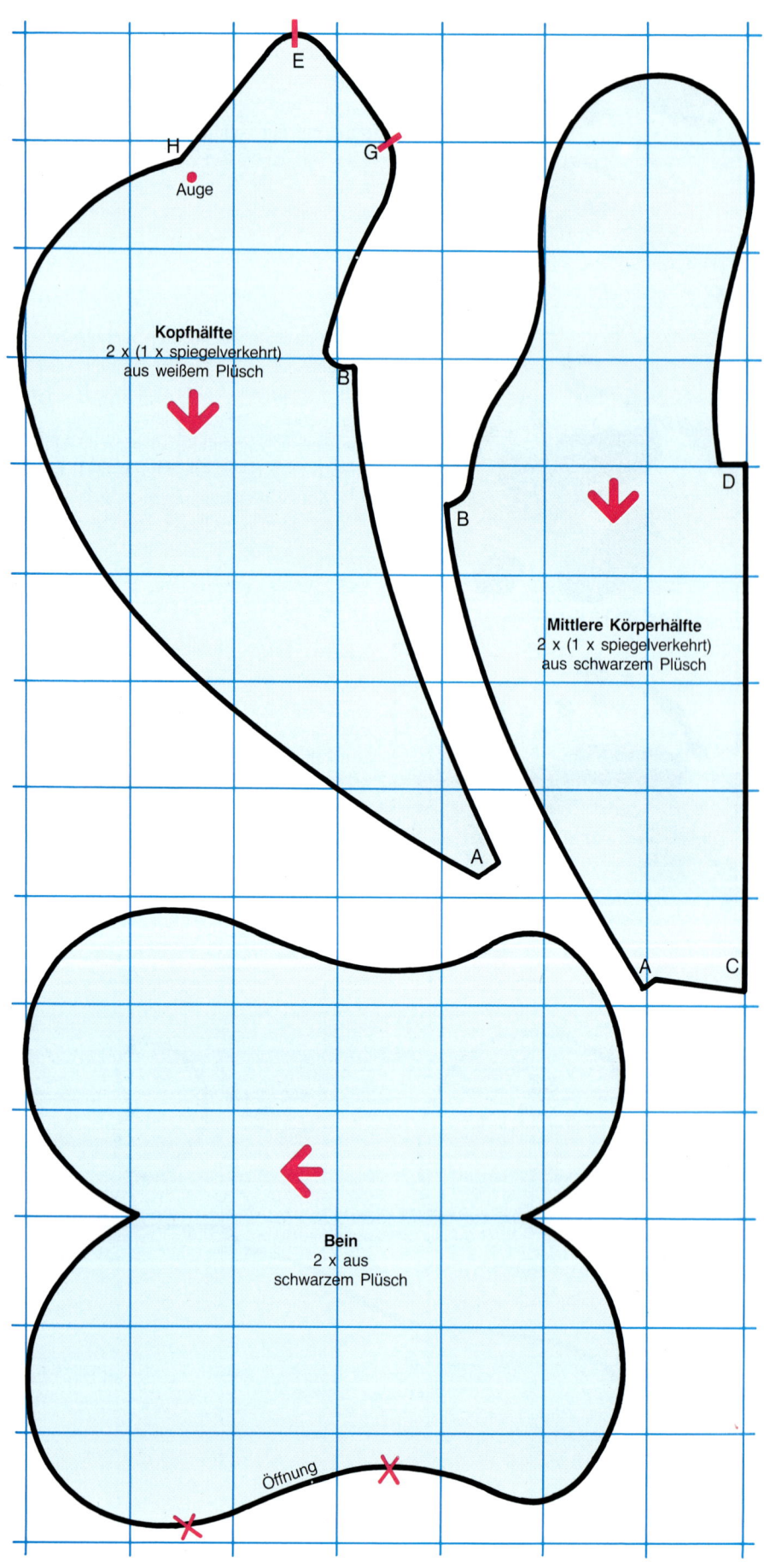

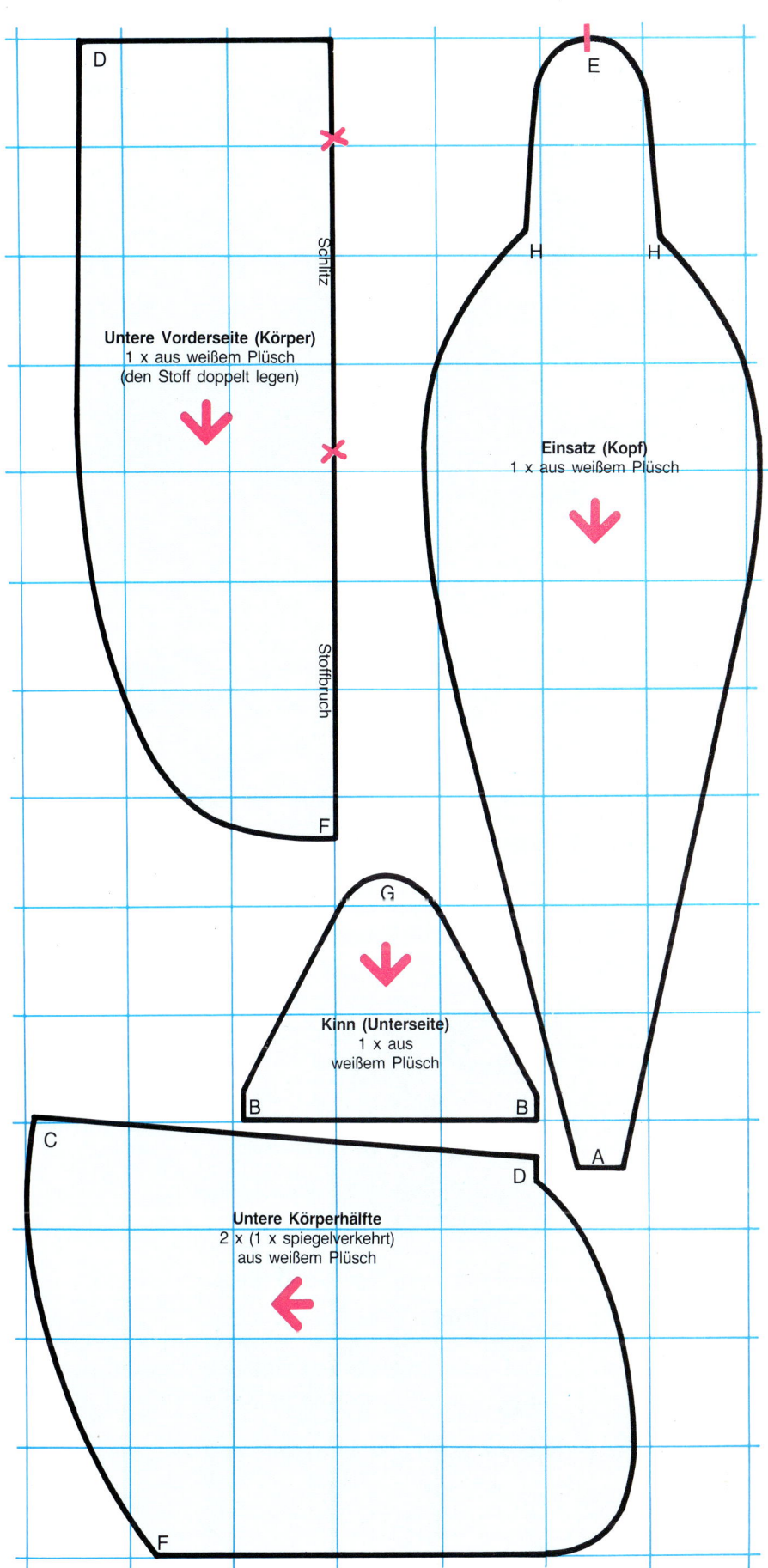

ALBERT, DER AFFE

MATERIAL

Dunkelbrauner Plüsch
Beiger Plüsch
Gelber Filz für die Banane
Weißer Filz für die Banane
1 Paar braune Augen (13,5 mm)
  mit Sicherheitsverschlüssen
Dickes, schwarzes Stickgarn
Füllmaterial

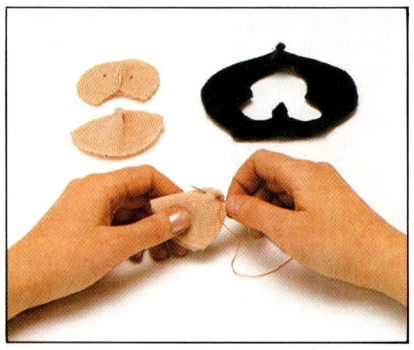

Die beiden seitlichen Kopfteile an den Linien A-B und C-D zusammennähen. Die Abnäher am oberen Gesichtsteil und an beiden Teilen der Schnauze einnähen.

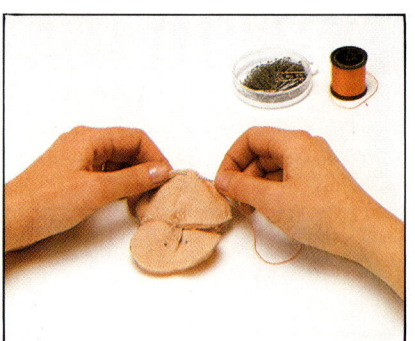

Das obere Teil an eine der Schnauzenhälften nähen (Kante E-E). Darauf achten, daß die Abnäher zusammentreffen. Dann die zweite Schnauzenhälfte an der Seite ohne Abnäher mit der ersten vernähen.

ALBERT, DER AFFE

Das Gesicht an die beiden Seitenteile heften. Sorgfältig alle Punkte aufeinanderlegen. Die Teile zusammennähen. Die Hinterkopf-Hälften an der Linie A–G zusammennähen.

Den Hinterkopf aufklappen und das fertige Vorderteil (rechts auf rechts), wie auf der Abbildung zu sehen, zusammennähen. Nur die Halsöffnung offenlassen.

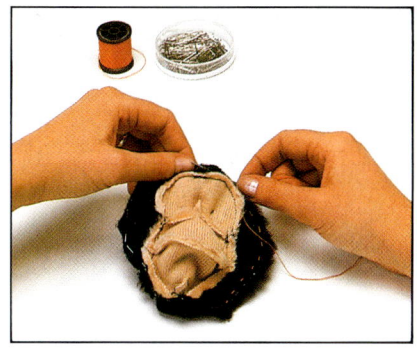

An den markierten Stellen kleine Löcher für die Augen hineinschneiden. Den Kopf wenden, die Augen einsetzen und an der Rückseite mit den Verschlüssen befestigen.

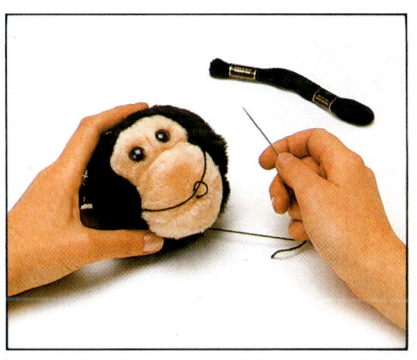

Den Kopf ausstopfen und dabei in die gewünschte Form bringen. Mit einer langen Nadel und dickem Garn in einem langen Stich ein breites Lächeln über die Naht sticken. Das Lächeln mit einem kleinen Stich (siehe Abbildung) fixieren.

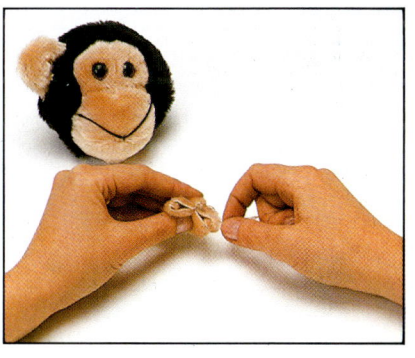

Die Ohrenteile paarweise zusammennähen. Die gerade Kante offenlassen. Die Ohren wenden und an der offenen Kante eine Falte einknicken. Wie auf der Abbildung zu sehen, festnähen. Die Ohren flach auf den Kopf legen und überwendlich annähen. Dann aufrichten und an der Vorderseite mit Leiterstichen so befestigen, daß sie aufrecht stehen bleiben. Den Kopf beiseite legen.

Auf den beiden Körperseiten die Abnäher schließen. Auf einem Arm- und Beinpaar einen Kreis markieren. Die Körperseiten, rechte Seite nach oben, hinlegen. Jeweils einen Arm und ein Bein mit der linken Seite nach oben auf eine Körperhälfte legen. Die Beine sollten gerade nach vorn, die Arme nach oben oder unten weisen. Arme und Beine mit Stecknadeln in den markierten Kreisen befestigen, dann annähen.

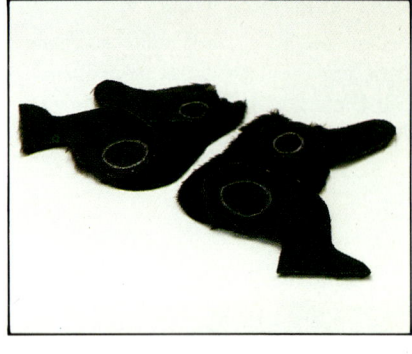

Das Innere der Kreise mit einer scharfen Schere herausschneiden (etwa 4 mm von der Naht entfernt). Einen Arm so durch das Loch schieben, daß die linken Stoffseiten aufeinanderliegen. Mit dem zweiten Arm und den Beinen genauso verfahren.

Die restlichen Arm- und Beinhälften auf die ersten nähen. Die Arme ganz schließen, die Beine unten offenlassen, damit man die Sohlen aufnähen kann.

Die Sohlen auf die Öffnungen nähen. Darauf achten, daß die schmalere Seite hinten – als Ferse – eingepaßt wird. Den Stoff, falls nötig, etwas dehnen, bis die Sohlen genau sitzen.

Die Arme und Beine wieder durch die Öffnungen in den Körperhälften schieben. Die beiden Körperhälften zusammennähen, aber die Halsöffnung, J–K, offenlassen. Den Körper durch diese Öffnung wenden.

ALBERT, DER AFFE

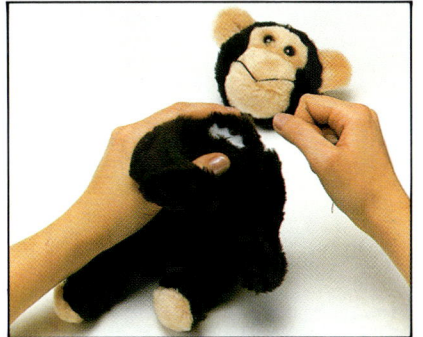

Arme und Beine ausstopfen, dann den Körper füllen. Die Halsöffnung schließen. Den Kopf mit Leiterstichen fest an den Körper nähen. Wenn der Kopf etwas schräg sitzt, sieht der Affe frecher aus. Den Schwanz in der Mitte zuklappen und zusammennähen. Die gerade Kante offenlassen. Den Schwanz wenden und die offene Kante etwas einschlagen. Dann den Schwanz an den Körper nähen.

Für die Banane näht man die drei weißen Filzteile zusammen (kleine Öffnung zum Wenden lassen), dreht sie auf die rechte Seite und stopft sie prall aus. Die Öffnung schließen. Die drei gelben Bananenschalen bis zur halben Höhe zusammennähen und die Banane, so weit es geht, hineinschieben.

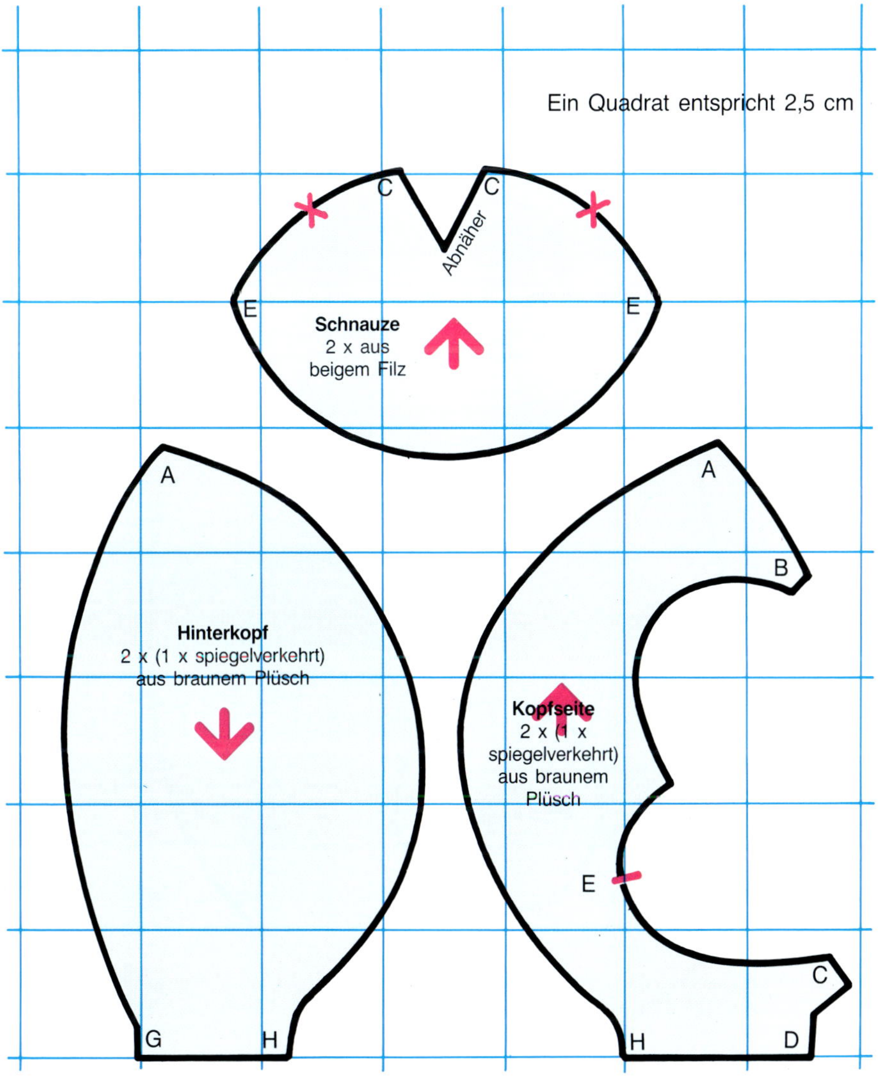

Ein Quadrat entspricht 2,5 cm

Schnauze
2 x aus
beigem Filz

Hinterkopf
2 x (1 x spiegelverkehrt)
aus braunem Plüsch

Kopfseite
2 x (1 x spiegelverkehrt)
aus braunem Plüsch

ALBERT, DER AFFE

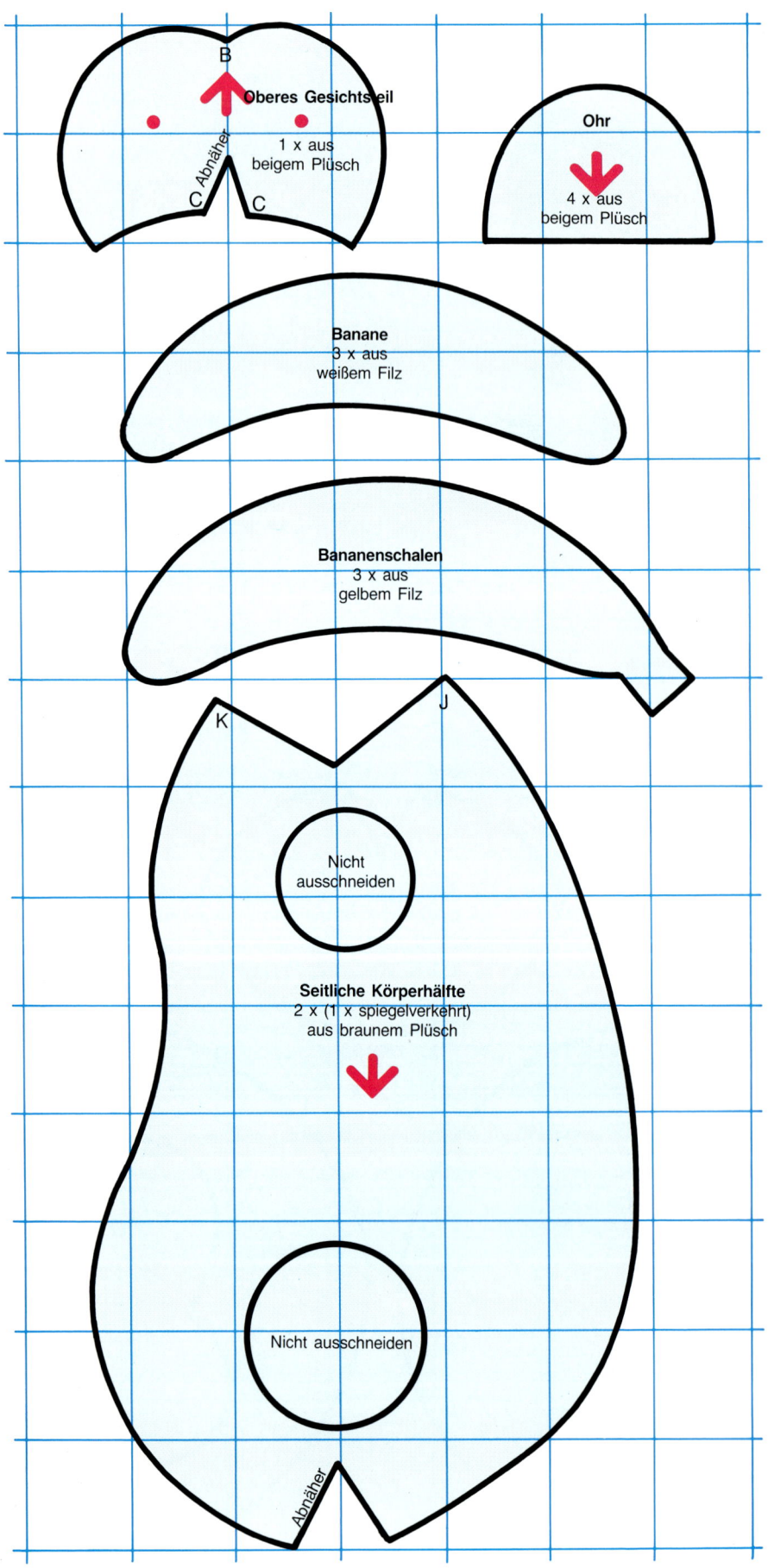

ALBERT, DER AFFE

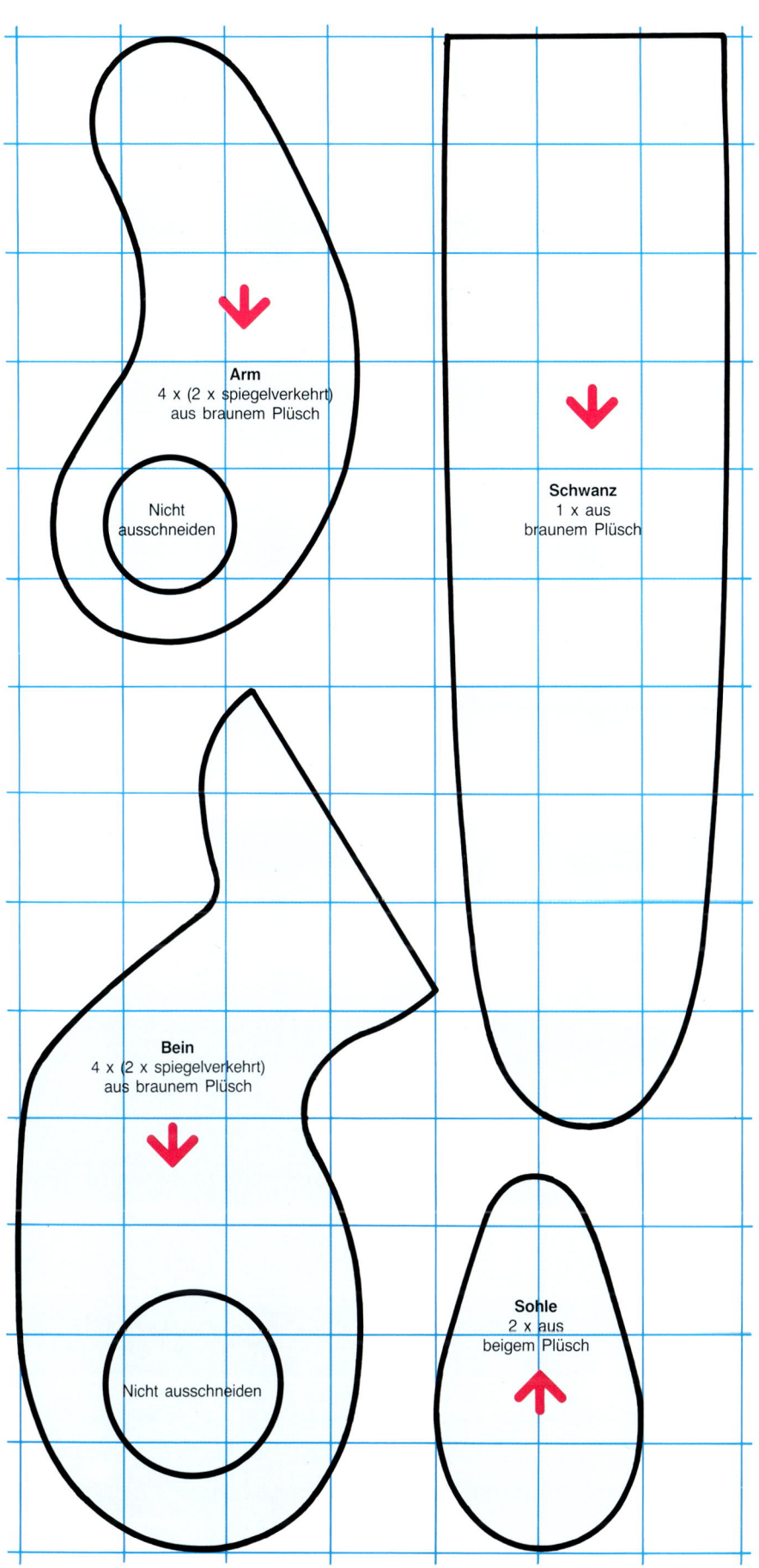

HERR FROSTIG, DER EISBÄR

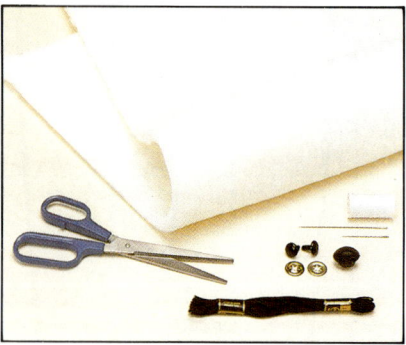

MATERIAL

30 cm weißer Plüsch
1 Paar schwarze Augen (13,5 mm) mit Sicherheitsverschlüssen
1 kleine Plastiknase
Schwarzes Stickgarn
Füllmaterial

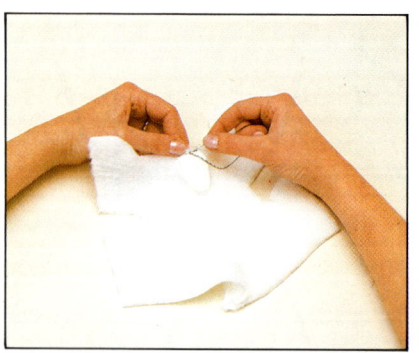

Ein kleines Loch für das Auge und einen Schlitz für das Ohr an den markierten Stellen in beide Körperhälften schneiden. Die beiden Teile der Innenseite des Körpers an der Linie A-B bis auf die Öffnung zusammennähen. Die Teile auseinanderklappen. Die Kinnunterseite an der Linie C-A-C annähen.

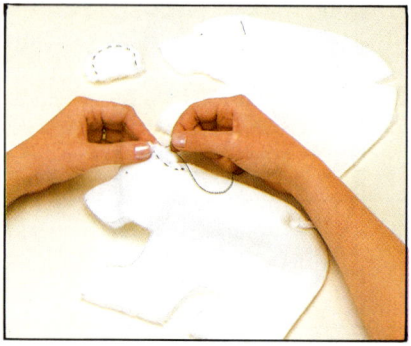

Die Abnäher an den beiden großen Körperhälften schließen. Je zwei Ohrenteile zusammennähen. Die gerade Kante offenlassen. Die Ohren wenden. Die offene Kante in der Mitte etwas einknicken, so daß das Ohr leicht gebogen ist. Den Knick überwendlich festnähen. Die Ohren mit der geraden Kante in die Schlitze stecken und durch alle Stofflagen annähen.

An die beiden Seitenteile, an der Linie J-K, den Einsatz für den Kopf nähen. Dann die Naht J-D vorn am Kopf schließen.

Man beginnt an der Naht D-E und näht die Innenteile an die Seitenteile. Dann geht man weiter zur Linie F-G, und zuletzt schließt man die Naht H-B. Das gilt für beide Seiten.

Den Schwanz zuklappen und zusammennähen. Die gerade Kante offenlassen. Dann den Schwanz wenden und die Spitze vorsichtig herausziehen. Die Linie K-B an der Rückseite des Bären zunähen. Den Schwanz in Höhe der Abnäher gleich mit einfügen. Die Füße unten auseinanderspreizen und in die Öffnungen jeweils eine Sohle nähen.

Den ganzen Bär wenden. Die Augen einsetzen und hinten mit den Verschlüssen befestigen. Ein kleines Loch in die Nasenspitze bohren und die Nase einsetzen. Wie die Augen auf der Rückseite festklemmen.

Den Bär ausstopfen. Bei den Füßen beginnen und sie etwas flachdrücken. Den Kopf formen. Die Backen etwas runden, dann sieht der Bär freundlicher aus. Wenn Sie mit dem Aussehen des Bären zufrieden sind, die Öffnung schließen.

HERR FROSTIG, DER EISBÄR

Auf alle vier Füße jeweils vier Krallen mit schwarzem Garn aufsticken. Aus dem gleichen Garn einen lächelnden Mund in das Bärengesicht sticken. Die Anleitung dazu ist auf Seite 17 zu finden. Zuletzt einen kleinen Stich im rechten Winkel jeweils rechts und links des Hauptstiches machen.

Zum Schluß einen weißen Faden in eine lange Nadel einfädeln. Von einem Augenwinkel zum anderen durchstechen und den Faden leicht anziehen. So bekommt das Gesicht mehr Ausdruck. Den Faden sicher vernähen.

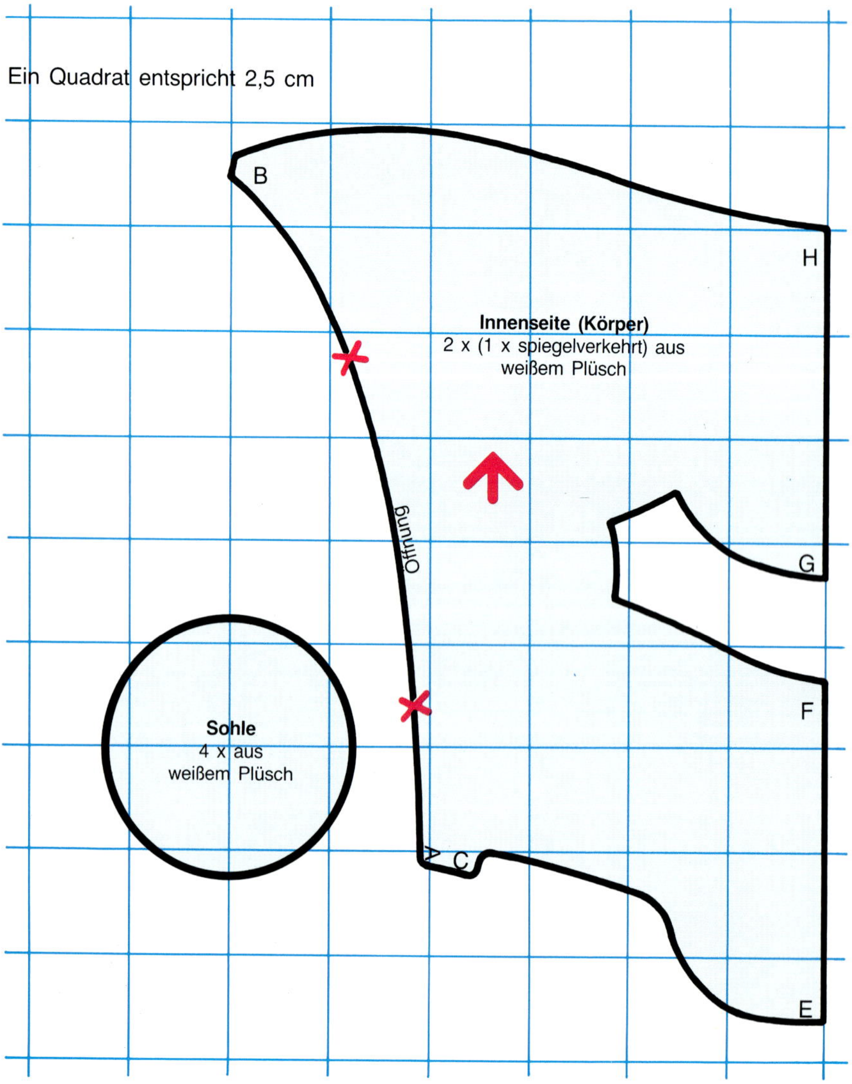

Ein Quadrat entspricht 2,5 cm

Innenseite (Körper)
2 x (1 x spiegelverkehrt) aus weißem Plüsch

Sohle
4 x aus weißem Plüsch

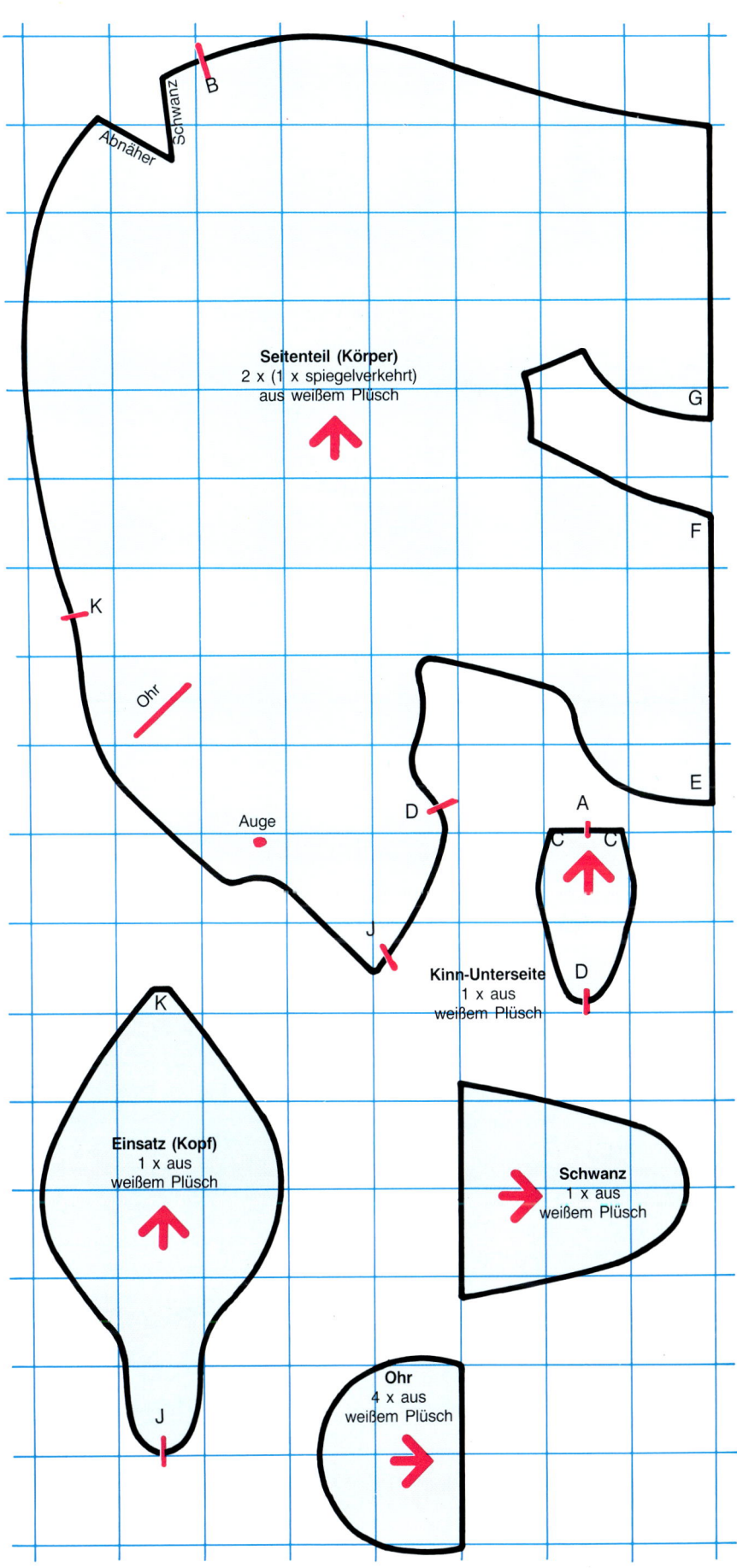

LORENZ, DAS LÖWENJUNGE

MATERIAL

30 cm goldbrauner Plüsch
Ein Streifen langhaariger
 brauner Plüsch
1 Paar braune Augen (15 mm)
 mit Sicherheitsverschlüssen
Dickes, schwarzes Stickgarn
Füllmaterial

Die Abnäher hinten und am Hals an den beiden Körperhälften schließen. An den markierten Stellen kleine Löcher für die Augen und Schlitze für die Ohren hineinschneiden. Je zwei Ohrenteile zusammennähen. Die geraden Kanten bleiben offen. Die Ohren wenden und eine kleine Falte in die untere Kante nähen. Die Kanten in den vorbereiteten Schlitz schieben und die Ohren überwendlich durch alle Stoffschichten festnähen.

Das untere Kinnteil an den Einsatz des Kopfes fügen. Mit der rechten Seite aneinanderlegen und die Linie A-B zunähen. Dann das Kinnteil entlang der Kante C-D an die untere Körperseite nähen.

LORENZ, DAS LÖWENJUNGE

Diese Teile an die seitlichen Körperhälften zwischen den Punkten E und G nähen. Darauf achten, daß F, A/B und die Einkerbungen übereinstimmen. Dann die Kanten H-J und K-L schließen. Auf beiden Seiten so verfahren.

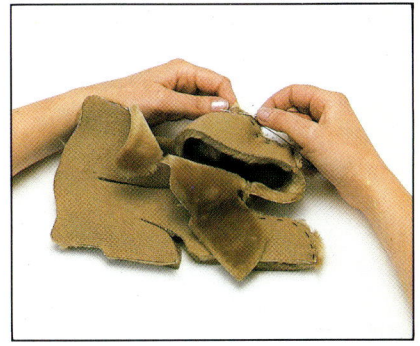

Die Fußöffnungen auseinanderziehen und etwas dehnen. Die Sohlen mit der rechten Seite auf die Öffnungen legen und annähen.

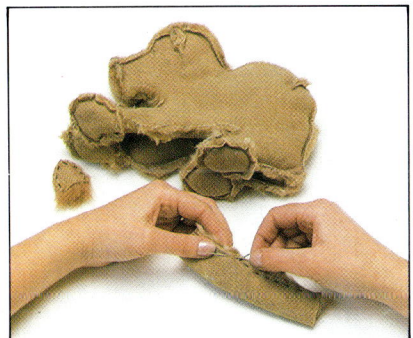

Die beiden Schwanzquasten rechts auf rechts legen und an der Rundung zusammennähen. Eng an der Naht abschneiden. Das Schwanzstück der Länge nach falten und an der langen Kante zunähen. Die Quaste in ein Schwanzende schieben und beides an der offenen Kante zusammennähen. Den Schwanz vorsichtig wenden. Die Naht E-L schließen und dabei den Schwanz mit einnähen.

Den Löwen wenden. Die Augen einsetzen und auf der Rückseite mit den Verschlüssen sichern. Den Löwen ausstopfen. Darauf achten, daß die Bakken etwas rundlich werden. Wenn die Form zufriedenstellend ist, die Öffnung an der Bauchseite mit Leiterstichen schließen.

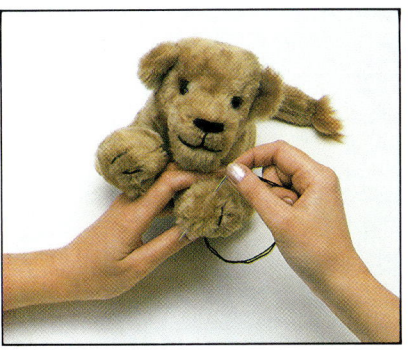

Aus dickem, schwarzem Garn eine Nase aufsticken (mit einigen waagerechten Stichen) und, nach der Anleitung auf Seite 17, einen Mund hinzufügen. Den Faden doppelt nehmen und auf jede Pfote vier Krallen aufsticken.

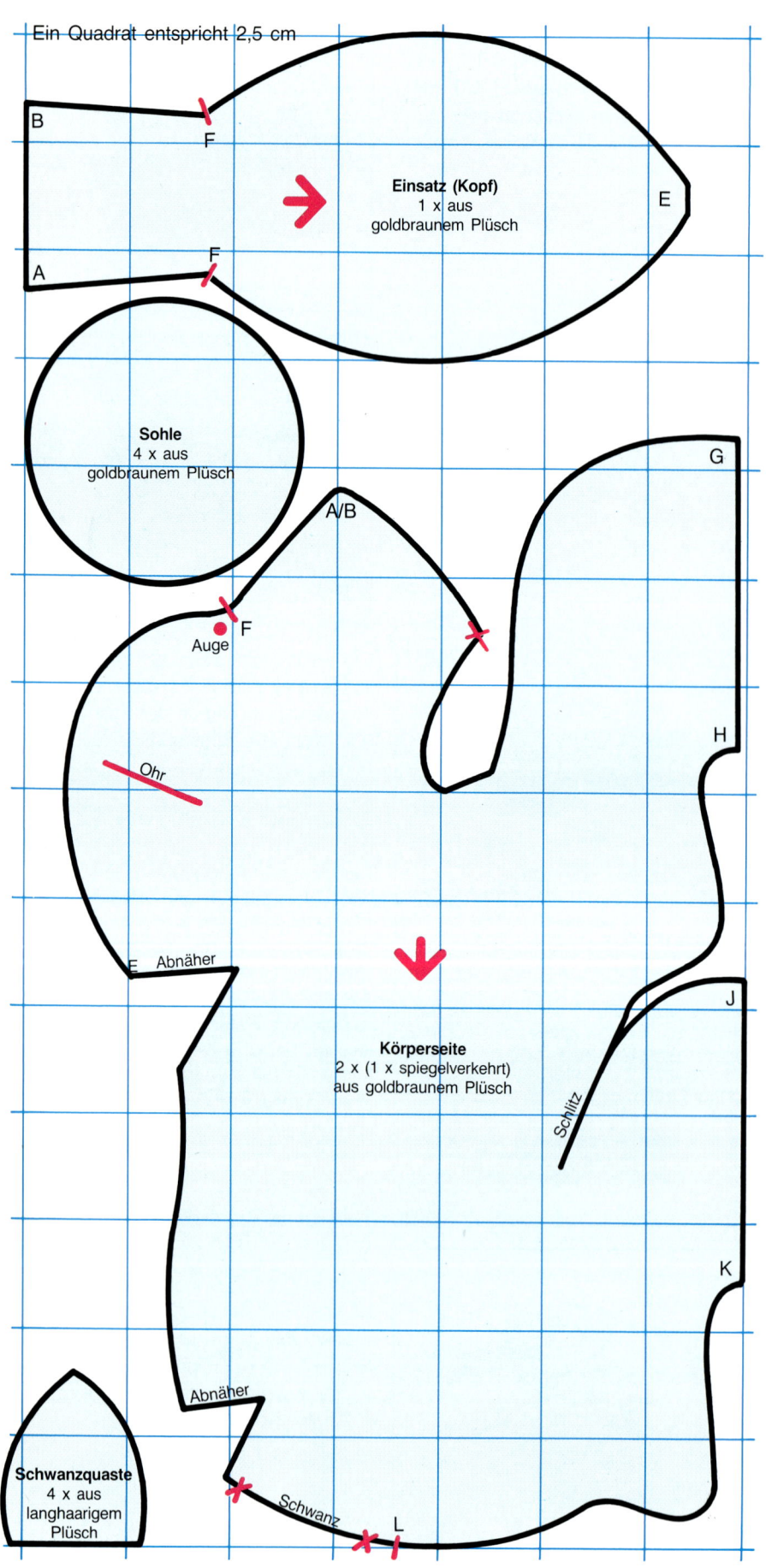

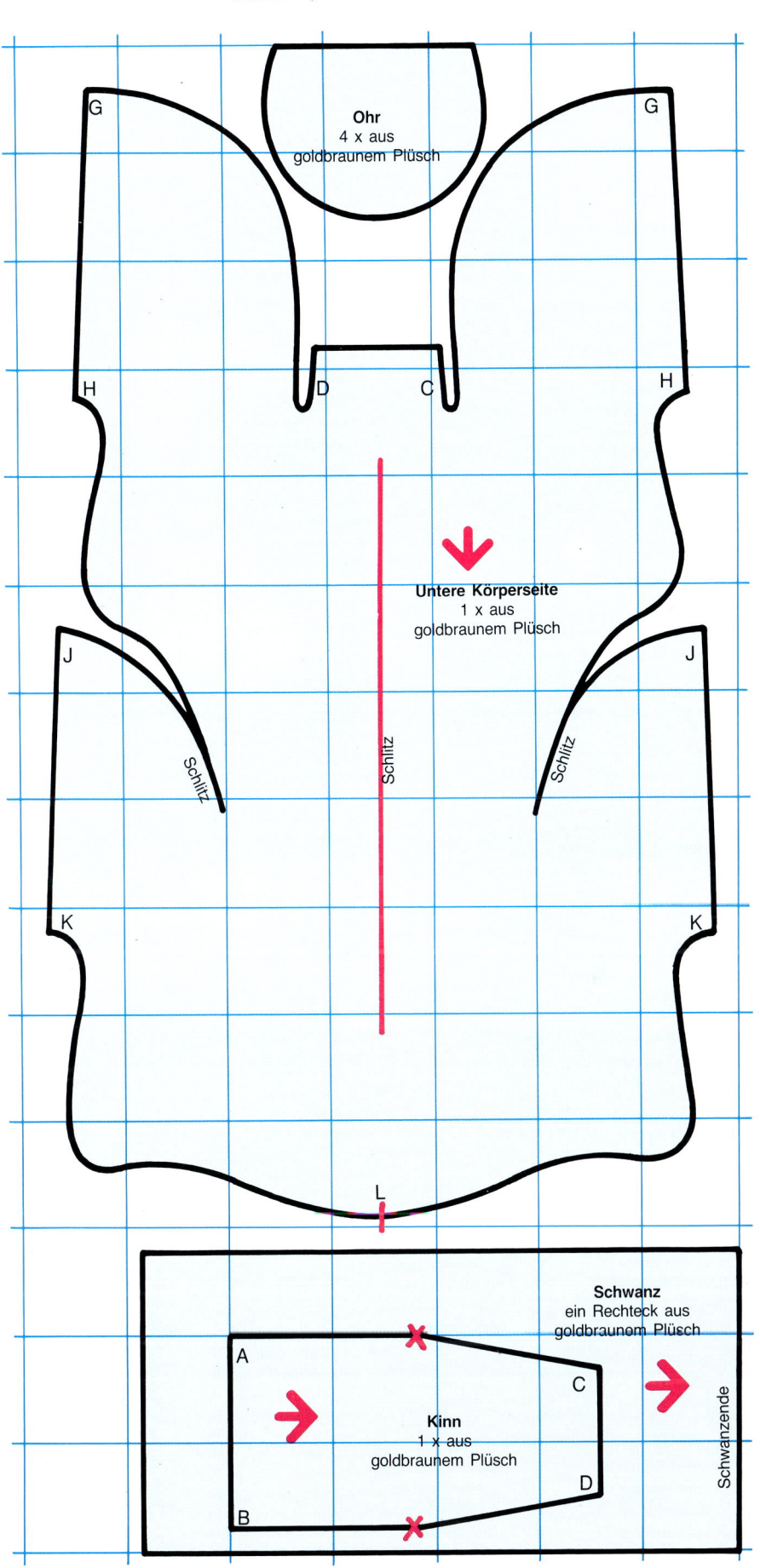

INDEX

Albert, der Affe **114**
Augen **16**
Ausrüstung **8**
Ausschneiden **13**

Beatrix, die Kuh **42**
Belinda, das Häschen **26**
Bürsten **8**

Cleo, der Clown **76**

Douglas, die Ente **22**

Edeltraud, die Hexe **80**
Eduard, der Bär **48**

Familie Rüssel **102**
Filz **10**
Füllen **15**
Füllung **10**

Garn **11**
Georg, der Drache **86**

Hamlet, das Schwein **34**
Herr Frostig, der Eisbär **120**

Karton **9**
Klingelküken **20**

Letzte Feinheiten **15**
Lorenz, das Löwenjunge **124**
Lucy, das Lamm **38**

Markieren **13**
Mund und Nase, Nähen von **17**

Nadeln **8**
Nasen **16**
Nähtechniken **14**
Nikolaus **92**

Osterhase **73**

Pan-Pan, der Panda **109**
Papier **9**
Parzival, der Pinguin **58**
Peter, das Hündchen **66**
Plüsch **10**

Quietschmäuse **18**
Quirin, das Eichhörnchen **30**

Rachel, die Stoffpuppe **53**

Schere **8**
Schmusekätzchen **70**
Schnittmuster-Vorbereitung **12**
Schraubenzieher **8**
Schubert, der Schneemann **98**
Schwäne, schneeweiße **62**
Stifte **9**
Stoffe **10**

Wenden **15**